700 años de la prohibición del Tormento Judicial en Aragón

Ilustraciones: Jesús Delgado Echeverría
Diseño y maquetación: Estudio Versus
Impresión: Cometa

ISBN: 978-84-92606-62-7
Depósito Legal: Z1737-2025

Jesús Delgado Echeverría
Coordinador

700 AÑOS
de la prohibición del
Tormento Judicial
en Aragón

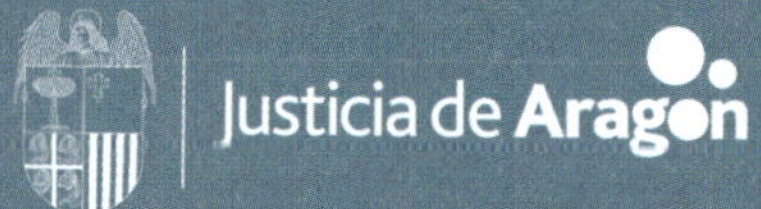

Índice

Presentación
Concepción Gimeno Gracia

Justicia de Aragón

La fecha más hermosa

Las páginas de este libro, hecho con el mayor mimo, con el mayor afecto y con la mayor dedicación, tienen como objetivo principal honrar una de las fechas más hermosas de nuestro Derecho: el 10 de octubre de 1325.

En dicha fecha, Aragón prohíbe el tormento judicial, entendido como la aplicación de dolor físico a un reo para obtener confesiones forzadas. En efecto, fue el rey Jaime II, conocido como "El Justo", quien, ante la petición del Reino, formuló tan importante declaración, que supuso un paso de gigante en la construcción de un mundo más civilizado.

En aquel momento, en aquel acto, Aragón afirma que la búsqueda de la verdad, fin legítimo, no puede ampararse en el dolor, en causar sufrimiento ajeno.

Es una decisión extraordinaria para su tiempo, una decisión tomada hace 700 años, en la que nuestra tierra demuestra su inclinación innata por la justicia, por el derecho, y una decisión que, además, pone de relieve una forma de ser en la que el respeto por la libertad forma parte de su esencia.

Esa fecha —10 de octubre de 1325— da testimonio elocuente de la elevada conciencia jurídica aragonesa, que supo anticiparse siglos a lo que hoy es un derecho recogido en la Declaración Universal de los Derechos Humanos de 1948 y un derecho fundamental en nuestra Constitución de 1978, en cuyo artículo 15 se establece: "Todos tienen derecho a la vida y a la integridad física y moral, sin que, en ningún caso, puedan ser sometidos a tortura ni a penas o tratos inhumanos o degradantes".

Aunque me conmueva, no es especialmente mi condición de aragonesa la que me lleva a la conclusión de que este momento histórico, este hito jurídico, merece un reconocimiento universal. Sí lo es mi condición de profesional y amante del Derecho, de fiel seguidora de todas aquellas decisiones, prácticas y herramientas que protegen o han protegido nuestros derechos y libertades, y de toda aquella actuación que pretenda o haya pretendido poner fin a prácticas execrables como el tormento, como la tortura, a la que Tomás y Valiente definía así :

> **«...la mayor vileza imaginable es la tortura, porque consiste en la negación del hombre como ser que vale por sí mismo, sea quien sea, e implica su sustitución por un instrumento suficiente que sólo sirve para contestar y padecer. La tortura es sufrimiento calculado, administrado con odio y con cuidado para que el cuerpo aguante y no se muera aún del todo, sino poco a poco, de manera que la voz pueda pronunciar palabras que informen y delaten antes de ser amordazada.»**

Esta obra es fruto de la generosidad y el talento de un grupo excepcional de profesionales juristas e historiadores que, en algunos casos, comparten inquietudes y son expertos en otras disciplinas.

Ha sido coordinado por el primero de nuestros foralistas, D. Jesús Delgado Echeverría, quien, con tanto acierto como rigor jurídico, vino a presidir durante mucho tiempo la Comisión Aragonesa de Derecho Civil, que tan venturosa influencia ha tenido en la renovación y desarrollo del Derecho Foral de Aragón.

Su legado es inmenso y polifacético, y abarca no solo el Derecho, sino también el Arte. Desde la Historia y la Teoría del Derecho al Derecho Civil, en su vertiente académica y, en su vertiente artística, desde sus dibujos a sus ilustraciones. Algunas de ellas forman parte de este libro, impregnándolo de su enorme sensibilidad.

Mención especial entre los autores debe hacerse -es un imperativo de justicia- a la participación del profesor Guillermo Fatás Cabeza, figura y guía intelectual que no necesita presentación. El título de su trabajo: "Niega que negarás, que en Aragón estás", describe, con su siempre palabra precisa, lo que la prohibición del tormento vino a representar para la conciencia aragonesa, y nos ofrece una perspectiva única sobre la cuestión.

También es de justicia agradecer en estas líneas, tanto al profesor Delgado como al profesor Fatás, queridos maestros, su constante entrega y colaboración con el Justicia de Aragón.

Mi reconocimiento se extiende, igualmente, al resto de estudiosos de relieve que han colaborado en este libro.

Jesús Morales Arrizabalaga ha contextualizado históricamente esta decisión, lo que permite entender mucho mejor su significado.

Daniel Bellido Diego- Madrazo nos trae a colación una excepción a la regla foral aragonesa, como es el crimen de la falsa moneda.

Juan Francisco Baltar Rodríguez aborda la actuación de la Inquisición en relación con el tormento, dentro de las relaciones existentes entre el Santo Oficio y el Reino.

Y, finalmente, aunque no en último lugar de importancia, la internacionalista Natividad Fernández Sola, mostrando que el Derecho es una constante lucha en favor de la dignidad humana, ofrece una visión de la prohibición de la tortura en la jurisprudencia y actuales tratados internacionales.

Desde el Justicia de Aragón, solo queda congratularse del esfuerzo y acierto de los autores y agradecerles su valiosísima contribución a la celebración de este singular aniversario sobre la prohibición del tormento judicial en Aragón.

Tras más de treinta años de servicio en la carrera judicial, mi nombramiento como Justicia de Aragón abrió ante mí un balcón privilegiado desde el que observar la sociedad y me ofreció la posibilidad de estar muy cerca del ciudadano, a lo que queremos entregarnos en cuerpo y alma.

En esta tarea, constituye un elemento de referencia ineludible ese gen aragonés, esa conciencia colectiva inmemorial en la incesante búsqueda de la justicia, el derecho y la libertad, conceptos todos ellos que, como vemos, defendieron de manera pionera nuestros antepasados.

Seguimos aprendiendo de ellos, seguimos sorprendiéndonos por lo que, tan tempranamente, quisieron y supieron hacer.

Tengámoslos cerca. Cuidemos su legado.

Índice de autores

Jesús Delgado Echeverría.

Catedrático emérito de Derecho civil. Universidad de Zaragoza.
ORCID 0000-0001-5220-1080.

Jesús Morales Arrizabalaga

Profesor Titular de la Facultad de Derecho
Universidad de Zaragoza
ORCID 0000-0002-5967-4216

Juan Francisco Baltar Rodríguez

Catedrático de Historia del Derecho
Universidad de Zaragoza
ORCID 0000-0003-3852-4654

Daniel Bellido Diego-Madrazo

Abogado y profesor asociado, doctor del Área de Derecho Procesal
de la Facultad de derecho de la Universidad de Zaragoza.
ORCID 0000-0002-6517-1324

Guillermo Fatás Cabeza

Profesor Emérito de la Universidad de Zaragoza
ORCID 0000-0002-3463-0217

Natividad Fernández Sola

Catedrática de Derecho Internacional Público y Relaciones Internacionales
Facultad de Derecho - Universidad de Zaragoza
ORCID 0000-0003-2482-4875

Prohibición del Tormento Judicial en Aragón

Acta de las Cortes de Aragón

Zaragoza 10 de octubre de 1325

Acta manuscrita depositada
en el Archivo de la Corona de Aragón
Cancillería, reg. 227, ff. 250v-253r.

Privilegium concessum per dominum Regem nostrum Aragonensibus in Curia generali quam eis celebravit mensibus Septembris et Octobris Anno domini Millesimo Tricentesimo vicesimo Quinto.

...ie domini nostri Ihesu Christi Amen. Noverint universi quod Anno domini M.° CCC.° vicesimo Quinto Nos Jacobus
... Rex Aragonum Valencie Sardinie et Corsice ac Comes Barchinone Convocatis prelatis Religiosis Baronibus
...ys Militibus et Infanzonibus Civitatum villarum et aliorum locorum Regni Aragonum ad generale Curiam per nos
...bus celebrandam in Civitate Cesarauguste prima die mensis Septembris anni eiusdem. Cum per nos prelatos Religiosos
... Infanzones Milites et procuratores Civitatum villarum et aliorum locorum Regni Aragonum videlicet Petrum
...m Cesarauguste Fratre Sancium de Aragonia tenente locum Magistri ordinis Hospitalis fratre Johanis Hermini
...Castellania Emposte Martinum Lupi de Azlor decanum et Peregrinum de Biniech Archidiaconum Superarbi in Ecclesia
...procuratores Capituli Episcopi et Capituli Ecclesie Ilerde Lupum Pera Abbatem Monasterii Sancti Johanis de Pinna
Guillelmum Abbate Monasterii de Rueda Fratre Martinum Abbatem Monasterii de Beruela Fratre Dominicum
...Monasterii de Petra Fratre Arnaldum de Figuerola procuratorem Fratris Roderici Abbatis Monasterii Sancti Victoriani Fratrem
Martinum Petri de Palomar procuratorem Religiosi Arnaldi de Orta Comendatoris Montisalbani Johanem Galindi
...procuratorem Fratris Garsie Lupi Magistri milicie ordinis Calatrave Egidium Martini de Eblirio Priorem
...Sancte Marie Maioris Cesarauguste Martinum de Bolea priorem de Fontibus et Arnaldum de Miranda officialem
...de Aragonia procuratores Bernardi Abbatis Montis Aragonum Fratrem Bernardum Gralleri procuratore Fratris Guillelmi Fferrarii
... et Conventus Monasterii Montisaragonis Jacobum dominum de Xericha Petrum filium nobilis quondam Jacobi domini de Xericha
...um Cornelii dominum de Alfagerino Petrum Martini de Luna Johanem Eximini de Urrea Philippum Ffernandi
...Castro Dominicum de Fontibus Raymundum de Sarra Petrum Cornelii Raymundum Cornelii Petrum de Luna ...
...Vergua Martinum Egidii de Atrosillo Petrum Ffernandi de Vergua Artaldum de Fonibus Johanem Martini de Luna
... de Tramaceto Guillelmum de Entença et Johanem Darcolo et Petrum Ffrapalis Dalson procuratores
... Thori Petri de Urrea maioris et Burrias nobilis Blasii de Alagone Atenarium Darbe et Lupum Petri de
...procuratores tutorum nobilis Lupi de Luna Rodericum Egidii Tarini tutorem nobilis Alfonsi Ffernandi
... Martinum ... Petri de ... Egidium Sancii de Atrosillo Michaelem de Turrea Thomam Petri de Ffocibus
... Maria de Calisio Dominicum Petri de Pina Atorella ... Garsiam Petri de Pena Amata Sancium Lupi de
...nava Dominicum de Thovia Petrum Roderici de Azagra Poncium Ugonis de Entença Lupum Eximini de Luna
... Rodericum Oteri de Bessesimne Raymundum de Vallseniu per vos et ut procuratore milites Aragonie
... Petrum ... et Michaelem Petri Zapata Guillelmum de Porta Dominicum Monello Sancium Martini ...
... de Pirario Johanem ... Dominicum Sancii de ... Egidium Martini de Camarena et Raymundum
... procuratores Civitatis Cesarauguste Sancium Dalagos Dominicum Palacii Almandum de ... et Palazinum
... procuratores Civitatis Oscensis Martinum de Salue et Petrum Johanis de Marlen procuratores Civitatis
...Tirasone Guillelmum Petri de Petro Bartholomeum de Petro Petrum Ribera et Martinum de Miana ...

tote Turiasone, Barbe Dominici dega et Constantinum don Thiot procuratores civitatis Jacce, Ben...
Garsia de Payas, Felici Martini de Payas, Ferdinandi Munionis de Pamplona, Petrum Ferdinandi de
Michaelem Petri de Alda et Michaelem Petri Munionis procuratores ville Calat., Egidium Martini, Julianum de
Maynes et Johannem Romei procuratores aldearum dicte ville Calat., Eximinum Garsie de Cebriano et J.
de la Torre procuratores ville Daroce, Lazarum Petri et Petrum Alvari de Villalba procuratores alde[arum]
ville Daroce, Ferdinandum Petri de Turribus, Petrum Diaz et Garsiam Petri de Bronchales procurator[es]
Albarrazini, Sancium Domicoladros, Dominicum Ramo de Fonte bono, Arnaldum de Pannas, vicinum
et Petrum Michaelis, vicinum de Alleppuz, procuratores ville Turolii, Garsiam Agrollam, Michaele[m]
et Bartholomeum de Marziella procuratores Burgie, Johannem Garsie Dada et Jordanum de Zoria pr[ocuratores]
Exee, Petrum Cimon et Bartholomeum Mir procuratores Thamariti de Littera, Dominicum Donagea et Petr[um]
de Boeriz procuratores de Ayrsa, Martinum Gualter et Dominicum Lanaya procuratores Fragie et aldearum
Garsiam de Capus et Dominicum Mortano procuratores Sarayene et aldearum suarum, Johannem Luppi de Ar...
Salvatoris de Xarlata procuratores Cesarie, Johannem Dacerbo procuratorem de Almudevar, Michaelem de Co...
Johannem de Domingo Sancii procuratores Frayne et aldearum suarum, Ferdinandum Petri de Pedigueru et Petrum
procuratores Alcanicii et aldearum suarum, Michaelem de Moclis et Johannem del Puyo procuratores Montisalbani,
Martinum de Castro et Garsiam Petri de Alagon procuratores ville Alagonis, Johannem de Castellon et Do[minicum]
Montayana procuratores Montissoni, Martinum Guillem de Vinaçro et Johannem Sancii Cerbalam pro[curatores]
Vinacey cum ad dictam Curiam convenissent et generaliter tota Curia fuit nobis humiliter sup[plicatum]
fuerit iudicio Justicie Alfonso karissimo primogenito et generali procuratori nostro Comite Urgelli qui [tunc]
generale Regni Aragonum nobis fuerit in omnibus sicudimus, et circa tenore ipsorum assertatis fore
assignata ... nobis et Curiam propterea ante ... quod nos in dicta civitate Cesarau[gusta]
celebrata fuerunt quod eidem Curie capitula tradita que infra continentur. Nos igitur intellectis et vi[sis]
diligenter consilio et tractatu dicto privilegio et capitulis memoratis vestris supplicationibus annuentes
condescendere volentes omnia ipsa capitula responsiones nostras firmamus ... ratifficamus et ... sin[gulariter]
et singulariter cuilibet capitulo prescriptum ... subsequenter declaratur et tam dicta capitula quam re[sponsiones]
nostras ad eadem legis et privilegii mandamus et firmamus ... concessa. Et ad maiorem
corroborationem et memoriam perpetuam ... presens privilegium inde fieri iussimus bulla nostra plumbea
munitum in quo dicta capitula et responsiones nostre ad eas subsequuntur ut videtur ... officialibus
dicti Regni et eorum loca tenentes iubentes inconmutabiliter observari ut sequitur continent. Capitulo que
ceps que los richos homnes, mesnaderos, cavalleros, ciudadanos e los otros villas e villeros del Regno de
suplican al senyor Rey que mande statuir e ordenar perpetuament que inquisicion no sia feyta en Aragon contra
alguno, si feyta yes e no yes judgada que no sia dado judicio ... a acabamiento ni a execu[cion]
qual cosa fue exarada de fer en Barbastro contra los jurados e otros e encara en otros logares.
Capitol respondio el senyor Rey e otorga por ... ala voluntat de la Cort que en crime de falsia mo[neda]
ni en algun otro caso ni crime no sia feyta inquisicion ni sia enantado por manera de inquisicion contra

falsa moneda, et ta solament sia enarado por manera de denunciacion, tuellas las dilaciones de fuero e
pena de talion. Empero aquel contra el qual sera feyta denunciacion por razon del dito crimen pueda
posar sus excepciones e defensiones legitimas tales que al justicia d'Aragon e a aquellos que han a seer
dar consello en el enarramiento segunt la manera deyuso specificada sian vistas, no seer malferosas
por manera de diffugio e entrara que al denunciado sia dada copia de los testimonios e de las otras
seran en manera de provas aduzidas e tiempo convinient a contradezir. E si por ventura aquel qui sera
del dito crimen sera richombre sia enarado por el justicia d'Aragon assi que al enarramiento e a
proceso sian con el un richombre, un cavallero e dos ciudadanos dignos de fe de la ciudat de Caragoça
justicia d'Aragon. E si el disfamado sera cavallero o infanzon sia feyto en la dita manera por el dito justicia con un cavallero
todos sian esleydos por el dito justicia, entreando de los ditos casos jurez en poder del dito justicia de
ciudadanos de la dita ciudat. E si sera cavallero o fidalgo enarrent el dito justicia con un cavallero e dos ciudadanos segunt que dito es
e seer con el dito proceso e enarramiento bien e lealment. E si por ventura el disfamado sera ciuda
richombre o infanzon cavallero e ciudadanos esleydos por el
sia enarado por el dito justicia con dos ciudadanos fidedignos en la manera sobredita. E si sera homne de
sia enarado por el justicia de la villa con dos homnes buenos de la villa [illegible] jura por el
manera de denunciacion segunt dito es. E si sera de Teruel o d'Albarrazin o de sus aldeas sia enarado por
juezes de los ditos logares segunt la manera sobredita. Item que el senyor Rey en los pleytos que tocan a las
dades d'Aragon quiera tomar en su consello los richoshombres, mesnaderos, cavalleros e honrados ciu
e homnes buenos de las villas que sian en su consello, la qual cosa no se faze segunt la tenor
privilegio. A est capitol responde el senyor Rey que le plaze muyto e assi entiende que es usado entro aqui
e sera daqui adelant. Item que en cadaun de los logares haya juge d'aquel mismo regno, yes a saber en Aragon
en Valencia de Valencia e aquellos que son del fuero d'Aragon que ayan juges d'Aragon en el dito regno de
A est capitol responde el senyor Rey que el seruan lo que dize el privilegio en aquest caso que en el regno
ha juge del regno d'Aragon e en el regno de Valencia del regno de Valencia. A lo que dizen que ayan
d'Aragon aquellos que son del fuero de Aragon en el regno de Valencia no lo dize el privilegio et otro si
dize que se sigua expressament el fuero nuevo que el fizo sobre aquesta razon. E tambien entiende que el
del dito regno de Valencia juez [illegible] que [illegible] de su officio [illegible] e judgen fuero d'Aragon a aquellos
lo han e es appellado de manda lo fer segunt. E tan bien entiende e otorga que los examinadores e revisores
[illegible] e recollidores de los pleytos d'Aragon sian d'Aragon. Item que puedan usar de la sal de la qual
[illegible] de todos los regnos e senyoria del senyor Rey, la qual cosa no se sigue ante las gentes [illegible]
guiados por los officiales del senyor Rey e muytos en su destruyros. A est capitol responde el senyor
que las salinas assi las suyas como las de los otros del regno se tornadas a las limitaciones
[illegible] depues que los richoshombres e los otros cobraron sus salinas que avian vendidas al senyor
don Pedro, e assi en esto no se faze contra el privilegio. E sus [illegible] lo que por la cort
dito capitol yes demandado el senyor Rey perdia las rendas de sus salinas las quales da a los
[illegible] e a los cavalleros e por esta razon usado es e seguido e por ellos consentido e usado dexi el
privilegio es feyto que las salinas del senyor Rey fueron e son en sus limites segunt que solian an

Primerament. Item que alguno judge ni ordenador en la Cort del senyor Rey no prenga salario de alguna
por judgar o que oya pleyto alguno, maguer en via commission del senyor Rey, et quita encara de
otras cosas contenidas en este capitol. A este capitol responde el senyor Rey que los judges de su casa en su Cort
que deuen prender salario de las partes segunt que dize el privilegio, mas seyendo fuera de su Cort
fazer commissiones assi como delegados que pueden prender salario. Et plaze al senyor Rey que se siga
las otras cosas contenidas en el dito capitol atiende en el privilegio general. Item que las honores de
que agora son del senyor Rey torne a las cavallerias segunt que eran. Et los ricos homnes ayan ...
aquella manera que deuen et antigament solian espleytar, et los logares que el senyor Rey tiene en camio
los logares que eran de las honores que torne a la honor como eran aquellos que fueron dados en ...
capitol responde el senyor Rey que si ellos veden que se pueda fazer et lo quiere, que se faga segunt
el privilegio general, ya sia que entencion es del senyor Rey que aquellos logares que el ha dado en viol(ario)
obligados a nepo que son en el Regno de Aragon que finados los violarios et obligaciones torne a la
que quiere sian logares annexos del Rey o venidos a el por camio, et atorga que aquellos logares que ...
annexos los quales tiene en camio por otros logares que eran de las cavallerias que los ...
dagadetar por cavallerias. Item que a los mesnaderos no les sia empachada la mesnada sino ...
la qual cosa sia tornada primerament segunt del privilegio general. A este capitol responde el senyor ...
tiene por bien et le plaze que se faga assi como en el privilegio general es contenido. Encara que lo
... a ellos por su mesnada que se faga simplement assi com(o)
naciones que se fara por el senyor Rey a ellos por su mesnada ...
las honores a los ricos homnes simplement no diziendo ... alguna ... a el plazera et que ...
fagan las cartas et a un que las assignara en logares ciertos conque se reciben dos. Item que los ...
nes no puede toller la tierra a los cavalleros depues que assignada les sera, si donos no yes ...
razon segunt la forma del privilegio general, ni encara que non se les prenga los dineros. A este capi(tol)
responde el senyor Rey que le plaze mucho et tiene que es grant razon. Item que las cartas que ...
de la scrivania del senyor Rey que ayan precio convinient. A este capitol responde el senyor Rey que las c(artas)
que salliron de su scrivania ya han taxacion antigua et no seran donadas ni seran vendidas mas de la taxa(cion)
ante de aquello faze el senyor Rey muytas gracias et a muytos todo el dia. Item que non sian dados
peages nuevos sino solament de aquellas cosas que se solia dar peage antigament en Aragon et en ...
logares que solian. Et los homnes puedan andar por los camios que quieran pagando el dreyto ...
senyor. A este capitol responde el senyor Rey que assi se faze como ellos demandan, et si alguna ...
se faze ni ses feyta sobre las dites cosas de nuevo, que sera revocada et lo fara revocar ...
jurisdiccion ni conoscimiento no daya a jurados sobre sus rendas ni sobre sus officiales, et que es appa(re)
llado de dar luego sus cartas por a sus officiales que no prengan peages de aquellos de qui no es
tiempo ni de las cosas no acostumbradas ni mas que no deue, et esto mandara firmement et expres(sament)
et que los mercaderos puedan ir por quales quiere camios, pagando empero primerament peage en el logar do ...

e otras cosas acostumbradas. Item que en todo caso assi criminal como civil valga fiança de dreyto
[...]ssor exceptado en deudo manifiesto como los officiales del senyor Rey no quiera recebir fiança de
simplement segunt el tenor del dito privilegio ant [...] dar caplevadores e es pena la qual cosa
se devel. Item como el justicia de Aragon nuevament cerca el tenor del dito privilegio aya pronunciado
[...] do se demanda homicidio no ha logar fiança de dreyto simplement sino fiança de dreyto e
[ca]ucion si hi sera, que el senyor Rey mande al dito justicia que declare aquello no seria ante
simplament fiança de dreyto segund el tenor del dito privilegio, aquello mismo mande a todos e
[l]os officiales suyos que aquello caten e observen. A estos dos capitols responde el senyor Rey
[...] que en todo caso haya logar fiança de dreyto segund en el privilegio general se contiene exceptado
[...] casos que se siguen en los quales no ha logar fiança de dreyto ni caplevadores es assaber en
[...] de traycion o en ladron o robador manifiesto o en aquel que sera ja jutgado el crimen o mayor
[...] de traycion que no sea quiet saluet o encartado por traycion e esto por la senyoria. Item
[...] segund fuero e segund los privilegios atorgados a cadaunas de las ciudades e de las villas
[...] deva fer dreyto ant el justicia de su lugar e no ant otro juge alguno e en la cort del
[...] Rey e del senyor Infant se den indistinctament comissiones por la qual razon han a pleytear
[...] juges delegados e son sacados del judicio de su ordinario e sostienen mayores messiones e danyos
[...] avegadas han a exir fuera de su logar a pleytear e a pagar el juge delegado lo que no han a
[...] juge ordinario, que sea merce del senyor Rey que esto quiera toller como sea contra fuero e los
[...]os sobre dichos. A aquest capitol responde el senyor Rey que el ni el senyor Infant indistinctament no usen de fazer
comissiones sobre los pleytos principales, mas algunas vezes quando hi ya razon han lo a fazer e
e lo fizieron siempre el e los suyos e es muy necessario al Regno a conservacion de justicia empero
[...] no lo entiende a fazer sines justa e manifiesta razon de suspecta del juge ordinario o del logar
[...] en este caso no faran las comissiones fuera del logar sino en caso que fuesse sospecto el logar
[...] del juge no quieda seer vexada e destroyta por messiones mayorment en los logares que han privilegio
[...] habitadores dallj no sian sacados de sus logares por fer dreyto a alguno sino ant su ordinario.
[...] como los juges delegados assi en los pleytos principales como en los de las appellaciones reciben gran[...]
inmoderados salarios, que sia merce del senyor Rey que faga cierta taxacion segunt la quantia del
[...]. A este capitol declara e ordena el senyor Rey que si los juges delegados taxaran por assi en los
[...]os principales o de appellaciones mayor salario que no deva la part que dixo se tenera por agreujada
pueda appellar al senyor Rey ho al senyor Infant o al justicia de Aragon. Item como los notarios
[...] ordinarios e delegados reciban por las escripturas que fazen inmoderados salarios, yes assaber
[...] por pieza del original e viij. dineros por la copia, que sia merce del senyor Rey que faga en aquesto
taxacion por que las gentes no sian destruydas. aquello mismo de que reciben salario por las actas y
[...] salario por las sentencias. A este capitol responde el senyor Rey e ordena que daqui adelant los notarios

dels jutges ordinarios e delegados merino o sayon en cadauna pieça de actos originales e en los cor
et registros es a saber treynta en cadauna plana e recibia por pieça del original bueyte dineros e po
de la copia seys dineros e no mas empero aquellos notarios que menos han costumbrado recebir no trabaj
jutge ordinario de lo que han costumbrado recebir. Item como fuero de Aragon sia que si alguno ma
feyto el malfeyto por si defender en eglesia entrara o en palacio de infançon no deue seer sa
violentment sino en ciertos casos en el fuero specificados e en fraude del dito fuero e por
guardo el malfeytor es recollido en alguno de los ditos logares do deue seer defendido fazen lo c
seguramiento e si no quiere encarcera lo e assi como encarcerado sacan lo dalli do sera recollido
cosa es en grant minguamiento del dito fuero que sia la merce del senyor Rey que aquel malfaytor
sera por seguramiento queriendo seguirar en aquel logar do recollido sera que no end sia sacado
fazer el dito seguramiento ala Cort venira feyto el seguramiento se pueda tornar seguram
eglesia o palacio e no end sia sacado. A est capitol responde el senyor Rey que esto que se faria
en fauor de sciencia e segund iusticia iusticia empero no es su entendimiento que venga se faga que
fuero e libertat del Regno e assi plaze lo que se faga lo que demanda en el dito capitol que
si alguno se recollira en eglesia o palacio de infançon o de otros priuilegiados logares e sera requeri
cion e por saluar se sera sacado de aquel logar hon sera recollido e depues mudaran la demand
generalo en el requerido que sia merce del senyor Rey que si no sera el acusador estar en su reque
sea contrecyto el acusado responde a otra demanda que le sera feyta como por aquesto si se fazia
ment seria contra la franqueza e libertat de las Eglesias e de los infançones e de los otros logares ju
ant no contrastar que fues feyta otra demanda sia tornado el requerido ad aquel logar hon sera
e que aquel qui sera en tal logar recollido no sia vedado que no le sia metida e dada vianda. A es
responde el senyor Rey que le atorga assi como es demandado. Item que sia ordenado que por guarecer
no aya caloña sino lx sol. A est capitol responde el senyor Rey que fuero haya sobre esto e que
el fuero. Item como segunt fuero de Aragon no haya logar confiscacion de bienes sino tan solament
caso de traycion en el qual el fuero fabla e agora algunos jutges ciertos se esfuercen la dita con
extender e algunas han logar en caso en que algunos se maten la qual cosa es contra fuero
la uestra merce que esto guardes todo. A est capitol responde el senyor Rey que le plaze e atorga
de la Cort que en caso que alguno se matara por qualquiere caso no sean confiscados sus bien
que turment ni questiones no sian en Aragon como sia contra fuero el qual dize que nenguna
no auemos e contra el priuilegio general el qual manda que inquisicion no sia feyta. A est capito
e atorga el senyor Rey que turment no haya logar en algun caso sino tan solament en crime
moneda e en aquest caso tan solament contra personas estranyas del Regno de Aragon o vagabundos del
algunos bienes en el Regno no hayan o en hombre de vil condicion de vida e de fama e no en
algunos. Empero si algun fillyo de rico hombre de mesnada cauallero infançon ciudadano o hom

...de gracia por el Regno congabudo, tal como aquesto no pueda seer puesto a termino. Item como los
...albaranes de rafes se claman falsos, por razon de la poca pena que yes puesta en el fuero contra
...los que produzen aquellas de falso que fuesse trobada manera e carrera por la qual se dubdasse mas
...de fer aquellas. Sobre este capitol plaze al senyor Rey e a la Cort que finque el fuero que es
...sobre la aduccion de la carta que es clamada falsa e que mayor pena no se ponga. Item
...del peage de Campdalfu que se fa por mandamiento del senyor Rey que se tuelga como aquello se faga
...contra privilegio general e contra otros privilegios e libertades del Regno. Sobre este capitol responde el
...Rey que el logar de Campdalfu hovo por cambio o por compra e que lo hovo con aquel peage
...ha su recurso de eviccion contra aquel con qui fizo el cambio o la compra e sus fianzas
...recurso perderia si judicialment no se conoxiesse e assi que plaze que el Justicia de Aragon lo conoxca
...que el dito recurso no pierda. E ya a querella de la Ciudat de Çaragoça mando por su carta al Justicia
...que conoxiesse daquesto feyto assi como judge ordinario, pero que ellos quieren que lo judgue el Justicia
...con consello de la Cort plaze al senyor Rey con que el no pierda su auctoria e que haya
...tiempo a buscar e fer venir sus cartas por que pueda haver recurso a su auctor e a sus fian-
...zas mas perderia el dreyto de su auctoria. Quibus nos Prelati, Religiosi, Barones, Mesnaderii, Milites
...et procuratores Civitatum, villarum et aliorum locorum Regni Aragonum et tota Curia audientes et diligenter intellectis omnibus
...capitulis supradictis et responsionibus per vos excellentissimum principem et dominum dominum Jacobum Regem
...supradictum factis dictis capitulis, nos et dicta Curia ut per nos superius est oblatas easdem responsiones
...et justas reputantes cum gratiarum actionibus et cum omni reverentia admittimus ac etiam acceptamus et eisdem consen-
...timus. Et quia dignum est eo quod tanta beneficia potissime in premissis et in multis aliis a vestra excel-
...lentia recepimus et dante domino speramus recipere in futurum, ut de ingratitudine non possimus ullatenus reprehendi, Nos
...Barones, Mesnaderii, Milites et procuratores Civitatum, villarum et aliorum locorum Regni Aragonum et tota
...Curia Regni ut predictum est congregata, per nos et alios de Regno et successores nostros sponte et consulte
...[illegible] de jure nostro renunciamus prestationi per Barones, Mesnaderios, Milites, procuratores Civitatum
...et aliorum locorum Regni Aragonum facte pro eis responsionibus per vos dictum dominum Regem factis capi-
...tulis in Curia et Civitate Cesarauguste ante presentem Curiam noviter celebrata de qua prestatione et
...nova per vos dictum dominum Regem facta fuit confectum publicum instrumentum die sabbati quarta
...mensis octobris anno domini millesimo CCC° vicesimo et clausum per Guarinum Petri de Calic notarium
...Cesarauguste et juratorum eiusdem. Una cum dicta prestatione volumus per presentem haberi
...pro nulla. Data fuit [illegible] in Aljafaria domini Regis prope Civitatem Cesarauguste sexto
...anno domini predicto millesimo trecentesimo vicesimo quinto.

Jacobus Dei gratia Rex Aragonum [illegible] et consiliariis ac comitibus [illegible]

...Nobilis Guillelmus de Anglesola et nobilis Eximinus Petri de Arenoso, Gondisalvus Garsie consiliarius
...[illegible] maior et consiliarius, Guillelmus de Jaffero legum doctor et vicecancellarius, Sancius [illegible]

de Ayerbio iudicis curie et Petro de Lacone scriptore portarie domus dicti domini Regis, Guillelmo [illegible] consiliariis dicti domini infantis Alfonsi, Roderico Diaz canonico Conchensi, Guillelmo Palacini [illegible] et Arnaldo Messegerii camerario domini Regis predicti et multitudine aliorum plurium inibi existencium [illegible]

Sig+num Egidii Petri de Buysan scriptoris predicti domini infantis Alfonsi primogeniti Regis et generalis procuratoris regnorum ac Comitis Urgelli et [illegible] dicti domini Regis [illegible] per totam terram et dominacionem eius, qui predictis interfui et de mandato dicti domini Regis hec scribi [illegible] et emendato in linea xlviij ubi dicitur [illegible] ne et in linea lxij ubi dicitur [illegible] in linea lxxviij ubi dicitur Aragonum in tota in clausi loco die et anno prefixis.

Jacobus Dei gratia Rex Aragonum [illegible] [illegible]

[illegible]

Lecta est [illegible] Curiarum [illegible]

[illegible] notarius [illegible] Martini de Luna.

- 1 -

Que turment ni inquisición, non sian en Aragón

Jesús Delgado Echeverría

Resumen. En 1325, las Cortes de Aragón, reunidas en Zaragoza por Jaime II, prohibieron el tormento y la inquisición judicial, argumentando que iban contra el Fuero y el Privilegio General. Esta prohibición, una de las "mayores libertades del Reino", fue excepcional en la Europa de la época, donde la tortura era un procedimiento legal reglado y parte del proceso judicial "culto". El rey confirmó que el tormento "no haya lugar en algún caso", con excepciones muy limitadas, principalmente para el crimen de falsa moneda y solo contra personas forasteras, vagabundos o de vil condición, excluyendo a los habitantes honrados del Reino. Esta postura se opuso al derecho castellano, que la admitió de forma más amplia, y las diferencias se atribuyen a la distinta Constitución política de los reinos. La prohibición aragonesa se mantuvo y es un hecho notable en la historia de la justicia europea.

Abstract. In 1325, the Cortes of Aragon, gathered in Zaragoza by James II, prohibited judicial torture (torment) and inquisition, arguing they were against the Fuero and the Privilegio General. This prohibition, considered one of the "greatest liberties of the Kingdom", was unusual in contemporary Europe, where torture was a regulated legal procedure and part of the "cultured" judicial process. The king confirmed that torture should "not take place in any case", with very limited exceptions, mainly for the crime of counterfeiting and only against foreigners, vagabonds, or people of "vile condition," excluding the honored inhabitants of the Kingdom. This stance contrasted with Castilian law, which admitted torture more broadly , with the difference attributed to the distinct political Constitutions of the kingdoms. The aragonese prohibition was maintained and is a notable fact in the history of European justice.

Hace setecientos años, en Zaragoza, Jaime II reunió Cortes de los aragoneses en las que estos le presentaron un texto con varios capítulos para que los confirmara. Entre ellos, el más importante según juicio de los autores de los siguientes siglos:

> «Item, que turment ni inquisición, no sian en Aragón, como sian contra Fuero, el cual dize que alguna pesquisa no havemus , & contra el privilegio general, el cual vieda, que inquisición no sia feyta.»

Así, en aragonés, presentan sus peticiones al rey todos los convocados a Cortes. Creo que se entiende. En castellano actual, podría ser:

> **«Igualmente, que en Aragón no haya tormento ni inquisición, porque son contra el Fuero que dice que no admitimos ninguna pesquisa y contra el Privilegio General, que prohíbe que se haga inquisición.»**

El escrito comienza así :

> **«Estas son las cosas que los Richos hombres, Mesnaderos, Cavalleros, Infançones, Ciudadanos, é los de las Villas, e Villeros, del Regno de Aragón, suplican al señor Rey, que mande seguir y ordenar.»**

El rey responde y confirma:

> **«A este capitol atorga el señor Rey que turment no haya lugar en algún caso, sino tan solament en crimen de falsa moneda, y en aqueste tan solament contra personas extranyas de Reyno de Aragón...»**

Que tormento (tortura) no tenga lugar en ningún caso. Luego nos ocuparemos de la excepción.

Se rechaza la utilización de la tortura, el tormento, por los jueces, como medio de tratar de averiguar la verdad en el interrogatorio de reos y testigos infligiéndoles dolor o mediante amenazas de hacerlo.

Dicen que es contra fuero, concretamente, contra el que dice *que alguna pesquisa no havemus*; es decir, un fuero de Jaime I, Cortes de 1247 (en Savall y Penén, T. I, p. 181b), bajo la rúbrica *De testibus* (de los testigos). Que comienza así:

> **«Nullam pesquisam habemus secundum Forum contra aliquem super aliqua causa: sed habemus testes, iuramenta, & bellum si franchus est.»**

Está en latín, como de ordinario los fueros aprobados en Cortes hasta 1413. No están en latín, sino en aragonés, el Privilegio General (1283) y su Declaración (1325), como estamos viendo: estos constituyen los textos más extensos en aragonés incluidos en todas las ediciones impresas de los Fueros. En Cortes de 1348 estatuye Pedro II que el Privilegio y su Declaración «sean Fueros en Aragón y sean tenidos como Fueros de Aragón». Esto y más, en latín, con fórmulas de promulgación que ordenan observarlos a las autoridades y a los súbditos. Pero estos

Fueros, es decir, el Privilegio y su Declaración, no se tradujeron al latín[1].

La traducción literal del fuero de 1247 no es difícil:

> **«Según Fuero no tenemos ninguna pesquisa (inquisición) contra nadie sobre ninguna causa: sino que tenemos testigos, juramentos y batalla (judicial) si es franco (infanzón o franco de carta).»**

Las cuestiones técnicas sobre procesos y pruebas son complejas. Lo que nos importa aquí es que este fuero se ocupa de cuestiones procesales, de la prueba en los procesos, y que la introducción del tormento como un medio de prueba lo contradiría. Lo que se regula es lo que pueden hacer y lo que no pueden hacer los jueces del rey en los pleitos. Si no pueden interrogar al acusado, si la confesión no es prueba (ni se menciona en el fuero), no hay lugar para el tormento como medio para hacer confesar.

Si los jueces no pueden actuar de oficio y recabar información sobre los delitos de que tengan noticia, sino que solo pueden actuar una vez interpuesta demanda por la persona agraviada por el delito y con las pruebas por ella aportada, se excluye toda ocasión de interrogatorio (inquisición o pesquisa) de oficio y, por tanto, de interrogar bajo tortura.

Introducir el tormento judicial, le dicen también al rey, iría contra el Privilegio general, que contiene en sus primeros párrafos una previsión tajante: *Que inquisición no sia feyta contra ninguno, nunca, en ningún caso.*

Con estos argumentos puede decirse –y es lo que hacen valer los asistentes a las Cortes de 1325– que introducir la tortura judicial como medio de averiguar la verdad en el proceso (pues la tortura es una institución jurídica que necesita para existir una norma constitutiva, no es una mera cuestión de hecho) sería contra los fueros de Aragón.

Este rechazo a que los jueces (el poder real) traten de conseguir información de una persona mediante sumisión a tormento físico o psíquico es insólito en la Europa de su tiempo, va contra la corriente principal y triunfante en las leyes, que busca averiguar la verdad por todos los medios, incluso mediante confesión forzada. Porque la tortura no es, durante muchos siglos en la Europa continental, una mala práctica, una barbaridad inhumana que cometen algunos desalmados, sea o no al servicio eventual del poder de reyes o señores o de bandas de

---

[1] Otro fuero anterior a 1325 (Jaime I, Ejea 1265) prohibía hacer inquisición contra ricoshombres, caballeros e infanzones de Aragón (como hicieron luego otros fueros, de 1361 y 1452, recogidos todos bajo la rúbrica *De prohibita inquisitione*).

forajidos. La tortura es un procedimiento reglado, regulado en textos que tienen la frialdad de las normas de procedimiento que han de seguir los jueces en los procesos, con sus grados y sus recursos. Es parte del proceso legal, culto, bendecido por la universidad y por la iglesia. Se regula escrupulosamente en los países europeos ejemplares por sus estudios de derecho romano y canónico y de teología moral[2].

Es una necesidad racional, piensan, una vez que han abolido las viejas pruebas de ordalías, los juicios de Dios[3]. Algunos delitos son difíciles de probar. Sobre todo, si son de lesa majestad (o de herejía, que se equiparan a ellos), no pueden quedar sin castigo. En el siglo XIII hay en toda Europa sistemas judiciales complejos, con jueces, tribunales, competencias y recursos reglados: un derecho procesal culto que todo lo regula. Si no hay testigos, si el acusado niega, ¿qué hacer? Averiguar la verdad por encima de todo: haciendo confesar, arrancando información, conforme a reglamento. El sueño de la razón produce monstruos. Cuando la razón, dormida, estaba ausente, el monstruo, se piensa ahora, fueron las ordalías. Pero ahora la razón sueña por encima de sus posibilidades y produce la tortura como medio para averiguar la verdad. Con reglas y medidas, según sospechas, indicios y calidad de los individuos. Para legitimar la introducción de estas prácticas, se acude al *Digestum* (libros 48 y 49), al *Codex* (libro 9), a las Decretales y al *Liber Sextus*: es decir, los textos de Derecho romano y canónico que enseñan los doctores en la universidad y que sirven a los reyes para fundamentar su poder.

Las Siete Partidas, que afamaron en toda Europa como legislador ejemplar a Alfonso X el Sabio, son muy expresivas sobre la racionalidad y poderosas razones para dar tormento.

El Título XXX de la Partida séptima está dedicado precisamente a la tortura («De los tormentos»). Empieza así:

> «Cometen los homes á facer grandes yerros et malos fechos encubiertamente de manera que non pueden seer sabidos nin probados: et

[2] «Aunque la tortura fue admitida y parcialmente regulada tanto por el Derecho romano como por más antiguos ordenamientos, la institución fue definitivamente construida por la doctrina italiana de la Baja Edad Media. Después de las fragmentarias reflexiones de los primeros glosadores sobe la tortura, apreció en Bolonia entre 1263 y 1286 una obra anónima y sin título que fue unánimemente denominada y citada como *Tractatus de tormentis*». Francisco TOMÁS Y VALIENTE, *La tortura judicial en España*, Crítica, Barcelona, 2000, p. 94 (Hay otras muchas ediciones; se publicó por primera vez en 1964).

[3] En Aragón, ya en los Fueros de 1247, posiblemente por influencia directa de Vidal de Canellas y, en todo caso, siguiendo las enseñanzas de la iglesia, se abolieron las ordalías del hierro candente y del agua hirviendo («en honor de aquel que dijo, no tentarás al señor tu Dios»). Ahora son consideradas superstición o invocación del nombre de Dios en vano.

> **por ende tovieron por bien los sabios antiguos que ficiesen tormentar á tales homes como estos porque pudiesen saber la verdat dellos.»**

Para descubrir la verdad, los «sabios antiguos» dijeron que había que torturar a los que se negaban a confesar. ¡Gran enseñanza! En realidad, estos «sabios», eclesiásticos y laicos, eran bastante recientes. Las citas del Derecho romano como forma de legitimar estas prácticas inquisitoriales estaban amañadas: hasta el final de la república, solo se permitía torturar a los esclavos, como bien sabían los foristas aragoneses. *Cives romanus sum* (soy ciudadano romano) era la forma de librarse de la tortura.

La Ley 1ª explica el tormento como forma de prueba que hallaron los «amadores de la justicia».

> **«Tormento es manera de prueba que fallaron los que fueron amadores de la justicia para escodriñar et saber la verdat por él de los malos fechos que se facen encubiertamente, que non pueden seer sabidos nin probados por otra manera: et tiene muy grant pro para cumplirse la justicia; ca por los tormentos saben los judgadores muchas veces la verdat de los malos fechos encubiertos, que non se podrian saber dotra guisa.»**

Esta prueba del tormento, por tanto, no es (en Castilla como en el resto de la Europa continental cristiana) un mero hecho social, un abuso o una lacra, sino una institución jurídica, creada y regulada por el Derecho.

Es una regulación de derecho procesal que atribuye al poder político (el soberano) esta forma de averiguación de la verdad mediante la utilización del dolor en la inquisición o pesquisa que realizan sus jueces.

Por eso el legislador castellano delimita oportunamente el ámbito procesal de este medio de prueba:

> Ley 2: **«Tormentar los presos non debe ninguno sin mandado de los jueces ordinarios que han poder de facer justicia dellos.»**

Este poder de los jueces del rey, que en Castilla se prolonga hasta las Cortes de Cádiz y es suprimido definitivamente por Fernando VII en 1814, es lo que rechazan las Cortes de Zaragoza de 1325.

En la bibliografía europea que se ocupa de la historia de la tortura judicial, Aragón ocupa muy pocas páginas: no hubo tortura judicial y hay poco más que añadir. Aragón brilla por su ausencia en esta historia de la infamia. Pero no faltan, naturalmente, menciones a la Declaración de las Cortes de Zaragoza de 1325, como hace Tomás y Valiente, que cita a continuación a Molino y recuerda que el proceso o remedio de la manifestación de personas era garantía eficaz frente a los abusos judiciales. «Se trata -dice- de un remedio análogo tanto al británico del "Habeas corpus", como al mexicano "juicio de amparo", y en todo caso anterior a ellos y tan eficaz como ellos»[4]. Señala el mismo autor (luego presidente del Tribunal Constitucional, asesinado por ETA en su despacho de la Universidad cuando ya había dejado este alto cargo) que hubo «una segunda postura ante la tortura: la de admitirla, pero restrictivamente, limitando su uso y valorándola en muchos supuestos a favor del reo-torturado». Fue la del Derecho catalán y, de otra forma, del valenciano, ambos dentro de la Corona de Aragón, en que el rey tenía limitados sus poderes. «La tercera postura a analizar es la del Derecho castellano. A mi entender (y no solo al mío) el Derecho real castellano es el que más amplia, más dura y más arbitrariamente (en el sentido de mayor margen de decisión confiado al arbitrio judicial) admitió la tortura». El sistema de las Partidas (que significó una «brutal regresión» frente al Derecho de los siglos VIII al XIII) «se deterioró en la práctica aún más». La razón de estas diferencias tan notables no está en la ferocidad, inhumanidad o insensibilidad mayor o menor en aragoneses y castellanos, sino en la diferente Constitución política de los reinos: «la actitud ejemplar a estos efectos es la del reino de Aragón, de Constitución política equilibrada entre rey y Justicia Mayor, hasta el punto de que se ha podido hablar encomiásticamente del carácter "judicialista" de su Constitución política y del alto nivel de sus libertades individuales, las cuales en algún caso –como precisamente el que nos ocupa- afectaban por igual a todos los aragoneses». «Pero en Castilla no hubo una Constitución política equilibrada [...]. La tendencia real hacia el absolutismo es aquí más temprana y encuentra menos resistencia».

Como he dicho, Aragón apenas aparece en las historias sobre la tortura judicial en Europa. Basta, en ellas, con señalar que se proscribió en 1325, las excepciones (en los Fueros, solo para el delito de falsa moneda, respecto de determinadas personas), y que la prohibición se mantuvo siempre. «Prohibición verdaderamente notable

---

[4] TOMÁS Y VALIENTE, *La tortura judicial en España,* cit., p. 211-212. La frase sigue: «y lo seguirá siendo si, como ha propuesto el profesor Fairén, se readmitiese en nuestra legislación procesal penal». Este artículo de TOMÁS Y VALIENTE se publicó por primera vez en 1971. El gran procesalista aragonés Víctor Fairén insistió muchas veces en que la manifestación aragonesa era mejor garantía que el *habeas corpus* inglés y que el amparo mexicano (que, probablemente, algo se inspiró en la manifestación aragonesa) frente a abusos judiciales y, en particular, frente a la tortura, por lo que debía servir de modelo o inspiración a lo que acabó siendo nuestro recurso de amparo. No logró su propósito.

para su tiempo», dice Fiorelli en una obra clásica[5], en la que constata que tampoco conocieron la tortura del Derecho común en el norte de Europa, en los pueblos escandinavos en general, de los que tenemos escaso conocimiento. Pero la semejanza más estrecha es con Inglaterra, pues «en el procedimiento inglés ordinario no se buscaba la prueba del delito mediante el interrogatorio del imputado; los medios de prueba más antiguos eran las ordalías y el duelo judicial, en la edad moderna únicamente el examen de los testigos: faltaba, para la tortura, un fundamento sólido en la lógica judicial», por lo que la tortura no fue nunca acogida como cosa normal en las leyes de Inglaterra. Pero añade que la fama que Inglaterra ha tenido siempre de país sin tortura no se puede compartir seriamente sin una doble y grave reserva: por una parte, la admisión en algunas épocas para ciertos delitos, por la fuerza de los poderes extraordinarios del rey, que la autorizaba de vez en cuando; por otra, mucho más grave, la llamada «pena fuerte y dura», que estuvo en vigor desde la edad media hasta 1772, que se imponía a los reos convictos, pero no confesos, de los delitos de felonía y traición. No era tortura, en sentido estricto procesal, sino pena; pero una pena de muerte lenta tan horrible que movía a la confesión del condenado.

Excepciones comparables a las inglesas no hubo en Aragón, que parte de unas reglas similares a las de aquel reino. Reglas sobre pruebas en los juicios y ausencia de proceso inquisitivo, por lo que no hay lugar para el interrogatorio bajo tormento. Como le dicen al rey en las Cortes de 1325, si pretendiera introducir la tortura, sería contra Fuero y contra el Privilegio general. Hay excepciones, mas pocas. Abusos, mas son delito, que el Justicia puede prevenir mediante la manifestación del preso que está siendo torturado contra fuero. Por eso los foristas considerarán la proscripción de la tortura como una de las mayores libertades del Reino.

El cauce por el que el rey consigue introducir proceso inquisitivo y tortura para ciertos delitos es el de la inquisición eclesiástica, cuyo tribunal Fernando el Católico establece duraderamente en Aragón. Formalmente, es ajeno a los fueros de Aragón y sus actividades se consideraron contrafuero.

En los Fueros, la excepción incluida por el rey en la misma Declaración de Cortes de 1325 (que, con el Privilegio General, serán considerados formalmente Fueros en las Cortes de 1348) es la referida a los delitos de falsificación de moneda, solo respecto de ciertas personas,

---

[5] PIERO FIORELLI, *La tortura iudiziaria nel Diritto commune. Ristampa inalterata con prefazione dell'autore settant'anni dopo e due appendici*, Giuffrè, Milano, 2023, p. 101; y 102-104 para el Derecho inglés.

como circunstanciadamente limita el mismo texto.

> **«(...) sino tan solament en crimen de falsa moneda, y en aqueste tan solament contra personas extranyas del Reyno de Aragón, o vagabundos del Regno, que algunos bienes en el Regno no hayan, o en hombre de vil condición, de vida o de fama, e no en otros algunos. Empero si algún fillo de Richo Hombre, Mesnadero, Cavallero, Infançon, Ciudadano o hombre de Villa honrado irá por el Regno vagabundo, tal como aqueste non pueda seyer puesto a turment[6].»**

Ni siquiera en todos los crímenes de lesa majestad, sino en este de falsa moneda. Los foristas explicaron también que la prohibición se extiende a todos los habitantes en el Reino, incluidos los moros, aun en el caso de que estén sujetos a sus señores como vasallos de signo servicio. Lo subraya Miguel del Molino, que dice haber consultado a los más antiguos y de mayor edad del Tribunal del Justicia, que le dijeron que «nunca se vio ni oyó que los infieles fueran torturados en Aragón, tampoco por los señores de los lugares, aunque puedan tratarlos bien o mal, matarlos de sed o hambre». Y lo confirma Portolés en sus Escolios: «Y así se decidió en el Tribunal del Justicia de Aragón en el proceso de la Diputación del Reino contra Miguel Lizana en causa criminal el 23 de agosto de 1577, donde se dijo y pronunció que el dicho Miguel Liçana, que era señor del lugar de Sanjusta (¿Santa Justa?) y en este lugar torturó y sometió a tormentos a un vasallo suyo de signo servicio, por esta tortura introducida contra fuero, debía ser exiliado de todo este reino por el tiempo de dos años»

Es una norma, en definitiva, de aplicación territorial, pues es una limitación, en todo caso, a los poderes del rey y sus jueces.

En la prohibición aragonesa de la tortura hay excepciones, que se ampliaron en la edad moderna (por ejemplo, mediante desaforamientos temporales de ciudades y villas) y sobre las que las páginas que siguen darán abundante información. Sin duda hubo también abusos, pero eran delito, que los jueces condenaban, y había, para evitarlos, remedios y garantías como la de manifestación de personas. La Declaración de 1325 no fue solo una declaración de derechos (de privilegios, literalmente, si se prefiere), sino que, mantenida durante

[6] Zurita resume así esta excepción y sus límites: «y ordenóse que en ningún caso hubiese cuestión de tormento sino en crimen de moneda falsa y en este delito tan solamente contra personas extrañas del reino de Aragón y vagabundas que no tenían bienes ningunos o contra hombres de vil condición de vida o de fama y no contra otros. Y fue declarado que si algún hijo de rico hombre, mesnader o caballero, infanzón, ciudadano o hombre de villa principal anduviese vagabundo por el reino, que este tal no pudiese ser puesto a quistión de tormento».

siglos en el ordenamiento judicial de Aragón sin distinguir entre clases de personas, se convirtió en «una de las mayores libertades del Reino» para asombro de juristas, de políticos y, luego, de historiadores.

Este libro se ha compuesto para celebrar que hace setecientos años las Cortes de Aragón prohibieron la tortura procesal y dieron así lugar «a una de las mayores libertades del Reino». Cada autor ha escrito, dentro de límites temáticos muy flexibles (que no han pretendido evitar posibles repeticiones, con distintas perspectivas) de aquello en que es especialista. Pero también hemos querido recordar (especialmente con la colaboración de la Profª. Fernández Sola) que la misma prohibición (ampliada a otros supuestos de tratos inhumanos o degradantes) se estableció solemnemente seiscientos trece años más tarde en la Declaración Universal de los derechos humanos (1948), sin que pueda decirse que la tortura por parte de funcionarios de los Estados, como instrumento para lograr confesiones o información, haya desaparecido del todo, encubierta a veces bajo palabras leguleyas, como los «interrogatorios reforzados». Siete siglos más tarde de la Declaración de las Cortes de Zaragoza, luchar para la erradicación de la tortura en el mundo sigue requiriendo una vigilante acción colectiva de los ciudadanos de todos los países.

– 2 –

Lo que dice Miguel del Molino en la voz «Tortura» de su *Repertorium*

Jesús Delgado Echeverría

SUMARIO: I. Lo que dice Miguel del Molino en la voz «Tortura» de su *Repertorium*. **II.** *What Miguel del Molino says in the entry «Torture» of his Repertorium*. **III.** Transcripción de la voz Tortura del *Repertorium* de Miguel del Molino. **IV.** Traducción de la voz Tortura del *Repertorium* de Miguel del Molino.

I. Lo que dice Miguel del Molino en la voz «Tortura» de su *Repertorium*[1]

La tortura está prohibida por fuero, ya que por regla general en Aragón no tenemos tormento. Y esta es una de las grandes libertades de Aragón.

Se exceptúa en caso de delito de falsificación de moneda, porque en este delito se aplica el tormento; pero solo contra personas extrañas al reino de Aragón, o contra personas vagabundas por el reino, que no tienen bienes en el reino, o contra hombres de vil condición, vida o fama: pero si un hijo de rico hombre, mesnadero, caballero, infanzón, ciudadano u hombre honrado de villa fuera vagabundo por el reino, entonces éste por dicho delito de moneda falsa no puede ser torturado.

Esto se ve en la Declaración del Privilegio general, § item que turment, y § siguiente.

Similar privilegio tienen los ciudadanos romanos desde los antiguos emperadores, porque los mismos no pueden ser torturados. Por eso se lee que el Apóstol Pablo, para no ser torturado por los judíos, alegó ser ciudadano romano y cuando los torturadores lo tenían ya atado para torturarlo, lo soltaron, y sintieron miedo al saber que era ciudadano romano. Esto se cuenta en los Hechos de los Apóstoles, capítulo 21 (22 en las ediciones actuales).

En el fuero "querientes", título *"de offcio cancellarii"* (del oficio del canciller), hacia el final, Calatayud, 1461 (Savall y Penén, I, 31) se impone pena, y cierta forma de proceder contra el vice-canciller, u otros jueces, u oficiales, y otros cualesquiera, incluso particulares, que a alguna

---

[1] He traducido con cierta libertad, con intención de que se entienda más fácilmente el texto, pero procurando no incurrir ni hacer caer en ningún error jurídico; suprimo algunas citas, desarrollo en el texto o en notas las que me parecen más relevantes y pongo en cursiva lo que podrían ser las principales ideas de fondo.

persona, incluso por mandato del señor rey, o de su lugarteniente general, o del primogénito, o de otro juez, o por otros, la *hubiere torturado, o mandado torturar en caso no permitido por el fuero.*

¿Pueden ser torturados los infieles en Aragón? Parecería que sí, porque los infieles no gozan de los fueros, ni de las libertades del reino. Especialmente porque ellos no intervienen en las Cortes, como dice la observancia "*de usu*" (del uso), título "*de fideiussoribus*" (de los fiadores) y la observancia 2, "de *equo vulnerato*" (del caballo herido).

Pero la verdad es lo contrario, porque *los infieles, incluso si son vasallos de señores, no pueden ser torturados en Aragón, lo mismo que los cristianos.* Y así lo oí de los antiguos y de mayor edad del Consejo del Justicia de Aragón, que me refirieron, consultados por mí sobre esto especialmente, que *nunca fue visto ni oído que los infieles fueran torturados en Aragón, tampoco por los señores de los lugares,* aunque puedan tratarlos bien o mal, matarlos de sed o hambre[2]. La razón es obvia, porque este privilegio de que la tortura no tenga lugar en Aragón *fue concedido no solo a las personas existentes dentro del reino de Aragón, sino también al territorio.* Lo que se prueba con una razón evidente, porque vemos que *incluso las personas extranjeras o forasteras que vienen al reino de Aragón gozan de las libertades del reino, y no pueden ser torturadas.*

Y también es de advertir que en los casos en los que hay lugar a la tortura por el fuero, nadie podría aún ser torturado, si no es a instancia y petición de la otra parte.

Para el caso en que se hubiera aplicado tortura a una *persona manifestada*, y de ello se hubiera formulado agravio (greuge), véase el fuero "Ítem por dar", título "de *manifestationibus personarum*" (de la manifestación de personas). (Calatayud, 1461, Savall y Penén, I, 116a).

Y debéis notar que dos años antes de este fuero sucedió que un tal Juan de Linares, antes de que fuera condenado, fue apresado y detenido por los alguaciles reales en unas cloacas o cuevas con un cabestro (ronzal) al cuello, quien, como fuese manifestado por el Tribunal del

---

[2] En los Escolios que Portolés escribió a la voz Tortura del Repertorio de Miguel del Molino confirma este punto. Mantiene en este lugar Molino que *los vasallos de signo servicio no pueden ser torturados por sus señores en este Reino, incluso si sus señores pueden tratarlos bien o mal. Y así se decidió en el Tribunal del Justicia de Aragón* en el proceso de la Diputación del Reino contra Miguel Lizana en causa criminal el 23 de agosto de 1577, donde se dijo y pronunció que el dicho Miguel Liçana, que era señor del lugar de Sanjusta (¿Santa Justa?) y en este lugar torturó y sometió a tormentos a un vasallo suyo de signo servicio, por esta tortura introducida contra fuero, debía ser exiliado de todo este reino por el tiempo de dos años.

Justicia de Aragón, pidió ser liberado de esa captura. Y finalmente, en el mes de febrero del año 1459, en causa de la manifestación del dicho Juan de Linares, con todo el Consejo de acuerdo, se decidió que el dicho Juan debía ser liberado de la prisión.

La tortura no tiene lugar en Aragón según los foristas, *ni siquiera en el crimen de lesa majestad*, porque solo se encuentra un caso en el que tiene lugar la tortura según el fuero, a saber, en el dicho crimen de moneda falsa, como se ve en la citada Declaración del Privilegio General (en el dicho parágrafo "a este capítulo", etc.), párrafo que habla con una dicción taxativa.

No vale decir que delinque mucho más el que comete crimen de lesa majestad que el que falsifica moneda, y que falsificar moneda es también cometer crimen de lesa majestad, por lo que tendríamos un argumento «de menor a mayor» o «por mucha mayor razón» (como tenemos en la observancia sobre el fuero promulgado en Ejea: Libro IX, Savall y Penén, II, 62); porque el *dicho caso de moneda falsa es un caso exceptuado contra las reglas forales, ya que regularmente no tenemos tortura. De donde, tal caso exceptuado contra las reglas forales no debe extenderse por semejanza (analogía), ni tampoco por mayor razón*. Y esto lo encontré escrito en una cierta apostilla antigua en el dicho párrafo a este capítulo, y creo indudablemente que esta opinión es verdadera, siempre salvo mejor juicio[3].

II. What Miguel del Molino says in the entry «Torture» of his *Repertorium*

Torture is prohibited by fuero (local law), since as a general rule there is no torment (torture) in Aragon. This is one of the great liberties of Aragon.

An exception is made in the case of the crime of counterfeiting currency, because torment is applied in this crime ; but only against persons foreign to the kingdom of Aragon, or against vagrant persons throughout the kingdom who have no property in the kingdom, or against men of vile condition, life, or fame. However, if a son of a rich man (rico hombre), mesnadero (vassal of a noble), knight (caballero),

[3] Las citas que he omitido en el texto son Digesto, Libro I, Titulo 3, 14. *Paulus* libro LIV. *ad Edictum.—Quod vero contra rationem iuris receptum est, non est producendum ad consequentias.*
Digesto, Libro 24, Título III, *Soluto matrimonio*, 64, *Si vero*, 3, *De viro*: *in quibus igitur casibus lex deficit, non erit nec utilis actio danda.*
Son algunos de los textos del *Corpus iuris* que los juristas utilizaban para discutir tipos de argumentos, sobre los tópicos de regla/excepción, *a simili, de minore ad maius, deficiente lege*, etc.

infanzón (noble of lower rank), citizen, or honorable man of a town (*villa*) were a vagrant throughout the kingdom, then he cannot be tortured for the said crime of counterfeiting currency. This is seen in the *Declaración del Privilegio general* (Declaration of the General Privilege), § *item que turment*, and the following §.

Roman citizens have a similar privilege from the ancient emperors, because they cannot be tortured. For this reason, it is read that the Apostle Paul, in order not to be tortured by the Jews, claimed to be a Roman citizen, and when the torturers had already tied him up to torture him, they released him, and felt fear upon knowing that he was a Roman citizen. This is recounted in the Acts of the Apostles, chapter 21 (22 in current editions)[1].

In the *fuero* "querientes," title "*de offcio cancellarii*" (on the office of the chancellor), towards the end, Calatayud, 1461 (Savall y Penén, I, 31), a penalty is imposed, and a certain form of proceeding is established against the vice-chancellor, or other judges, or officials, and any others, including private individuals, who, even by mandate of the lord king, or his lieutenant general, or the firstborn, or another judge, or by others, may have tortured someone, or ordered someone to be tortured in a case not permitted by the *fuero*.

Can infidels be tortured in Aragon? It would seem so, because infidels do not enjoy the *fueros* or the liberties of the kingdom , especially because they do not participate in the *Cortes* (Parliament). But the truth is the opposite, because infidels, even if they are vassals of lords, cannot be tortured in Aragon, just like Christians. The author heard this from the older and more ancient members of the Council of the *Justicia de Aragón* (Justice of Aragon), who informed him that it was never seen or heard that infidels were tortured in Aragon, not even by the lords of the places, although they could treat them well or badly, or kill them

---

[1] The comparison with the Romans, who generally excluded torture from their procedures, is expanded by Zurita (*Anales de Aragón,* VI, LXI) when commenting on the Declaración del Privilegio General, from which he precisely selects the prohibition of torment. "Aragon imitates the Romans in the prohibition of torment. In this, according to common judgment, the prudence of our elders was well demonstrated, who in their laws and customs wished to imitate those of the Romans, who were most prudent in all kinds of government; in whose republic, by ancient custom, it was ordained that questioning by torment should not proceed against those who were citizens and free persons, considering what was used in the republics of the Athenians and Rhodians to be very harsh and grave; and that such a remedy should only be used against those who were servants."

with thirst or hunger[2]. The reason is obvious, because this privilege that torture should not take place in Aragon was granted not only to the persons existing within the kingdom of Aragon, but also to the territory. This is proven by an evident reason, because even foreign or outsider persons who come to the kingdom of Aragon enjoy the liberties of the kingdom, and cannot be tortured.

It should also be noted that in cases where torture is permitted by the *fuero*, no one could still be tortured, unless it is at the instance and petition of the other party. For the case in which torture had been applied to a *persona manifestada* (person subject to the writ of *manifestación*), and a grievance (*greuge*) had been filed about it, see the *fuero* "Ítem por dar," title "*de manifestationibus personarum*" (on the manifestation of persons) (Calatayud, 1461, Savall y Penén, I, 116a). Two years before this *fuero* it happened that a certain Juan de Linares, before he was condemned, was apprehended and detained by the royal constables in some sewers or caves with a halter around his neck. Having been *manifested* by the Court of the *Justicia de Aragón*, he requested to be released from that capture. Finally, in February of the year 1459, in the case of the *manifestación* of the said Juan de Linares, with the entire Council in agreement, it was decided that the said Juan should be released from prison.

Torture does not take place in Aragon according to the *foristas* (jurists of the *fuero*), not even in the crime of *lèse-majesté* (high treason) , because only one case is found where torture takes place according to the *fuero*, namely, in the said crime of counterfeiting currency, as seen in the cited *Declaración del Privilegio General*, a paragraph that speaks with a restrictive wording. It is not valid to say that one who commits the crime of *lèse-majesté* is much more delinquent than one who counterfeits currency, and that counterfeiting currency is also committing the crime of *lèse-majesté*, which might lead to an argument «from the lesser to the greater» or «for much greater reason». This is because the said case of counterfeiting currency is an exceptional case against the *fuero* rules, since torture is not regularly practiced. Therefore, such an exceptional case against the *fuero* rules should not be extended by simi-

[2] In the Escolios that Portolés wrote for Miguel del Molino's Repertorio entry on Torture, he confirms this point. "Molino maintains here that vassals of signo servicio cannot be tortured by their lords in this Kingdom, even if their lords can treat them well or badly. And this was decided in the Court of the Justicia de Aragón in the process of the Diputación del Reino against Miguel Lizana in a criminal case on August 23, 1577, where it was said and pronounced that the said Miguel Liçana, who was lord of the town of Sanjusta (¿Santa Justa?) and in this place tortured and subjected to torment one of his vassals of signo servicio, for this torture introduced against the fuero, he should be exiled from this entire kingdom for a period of two years."

larity (analogy), nor by greater reason. The author found this written in a certain ancient marginal note in the said paragraph, and believes this opinion to be undoubtedly true, always reserving a better judgment[3].

---

[3] The citations I have omitted in the text are:
* Digesto, Libro I, Título 3, 14. Paulus libro LIV. *ad Edictum.—Quod vero contra rationem iuris receptum est, non est producendum ad consequentias.* (Digest, Book I, Title 3, 14. Paulus book LIV. to the Edict.—What has been accepted contrary to the reason of law, is not to be extended to consequences.)
* Digesto, Libro 24, Título III, *Soluto matrimonio*, 64, *Si vero*, 3, *De viro: in quibus igitur casibus lex deficit, non erit nec utilis actio danda.* (Digest, Book 24, Title III, Marriage dissolved, 64, If truly, 3, Concerning the husband: in which cases therefore the law fails, neither a useful action should be granted.)
These are some of the texts from the *Corpus iuris* that jurists used to discuss types of arguments, on the topics of rule/exception, *a simili, de minore ad maius, deficiente lege,* etc.

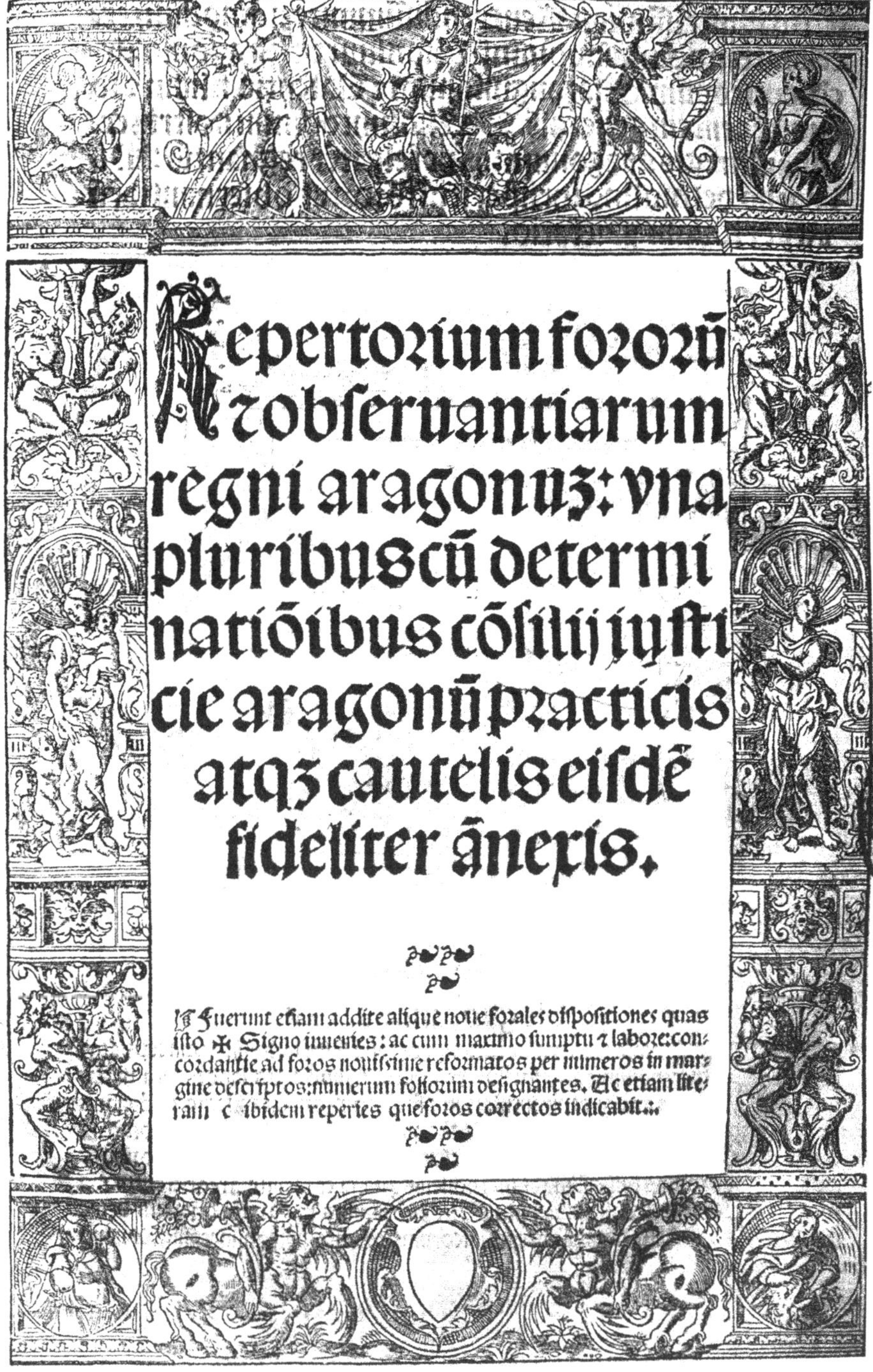

Repertorium fororū ꝛ obseruantiarum regni aragonuz: vna pluribus cū determinatiōibus cōsilij iustitie aragonū practicis atqz cautelis eisdē fideliter ānexis.

Fuerunt etiam addite alique noue forales dispositiones quas isto ✠ Signo inuenies: ac cum maximo sumptu ꝛ labore: concordantie ad foros nouissime reformatos per numeros in margine descriptos: numerum foliorum designantes. Ac etiam literam c ibidem reperies que foros correctos indicabit.

MOLINO, Miguel del, *Repertorium* Fororum et Observantiarum Regni Aragonum..., Zaragoza, Agustín Milán, 20. VIII. 1554.

Testes iurare debent in quacunq. causa regulariter in curia publice,nisi sint personæ honorabiles,infirmæ,debiles,aut mulieres:quia tunc iudex mittit notarium:& si iudex,aut commissari' testes recipientes non cognoscunt eos,debent d̄ hoc facere mentionem in processu. Vide latius in foro,Por proueir.ti.de testi.Calata.folio.176
96 & ibi multa in materia testium,& ibi de commissario diputato ad recipiendum testes,qualis esse debet,& quid debet seruare. Iste tamen forus non habet locum nisi in certis curijs: vt ibi dicitur in fine.

Testium materiam supple in titulis de testibus, & de testibus cogendis:& in titulis de probatio. tam in foris,quam in obs.

Timor. Timoris materiam vide supra in verbo,metus.

Titulus. Titulum suæ possessionis licet de ratione scripta nemo cogatur ostendere:ut in.l.cogi.C.de petitione hæreditatis:tñ de foro aliquando cogitur quis ostendere titulum suæ possessionis.Vide in obs.incipiente,
28 si quis possidet,ti.de contumacia,fol.36, & vide
c in foro,Si aliquis,de præscriptio.fo.11.&in foro
58 primo.ti.familiæ hercis̄cundæ,fo.17.

Titulus an sit necessarius de foro in præscriptione bonorum sedentium vltra cursum.30. annorum,vide supra in verbo,præscriptio,ibi super intellectu fori quicunq.

Tituli loco habetur longa possessio: & hoc in seruitutibus,& ademprìuijs. Vide in obs.4.tit. de
25 aqua pluui.arcen.fo.32.

Titulo lucratiuo si fuerunt aliqua bona adquisita p virum,constante matrimonio,qualiter diuidantur ista bona mortuo altero coniugum, & qualia,& quæ iura in eis habet vxor superstes viro suo,vel eius hæredes,vide supra in verbo, diuisio:& infra in verbo,vir & vxor.

Titulum meliorem habens debet aliquãdo obtinere in iudicio apprehensionis:Casum habetis valde notabilem in foro,a vezes,ti.de apprehen
91 sio.Alcanicij,folio.122.Alium casum habetis in foro,Por quanto,circa finem eodem titulo,Ca.
90 lat.fo.180.videlicet in officijs sæcularibus, & beneficijs ecclesiasticis apprehensis:quia iudicãtur per titulum,& ille debet obtinere,qui meliorem titulum demonstrabit.De quorũ fororũ intellectu vide latius supra in verbo,apprehensio.

Tortura. Tortura est prohibita de foro quia regulariter in Arago. non habemus tormẽtum.Et ista est vna de magnis libertatibus Arag.Fallit in crimine falsæ monetæ: quia in isto crimine habet locũ tormentum: & hoc tantum contra personas extraneas à regno. Arag.vel contra personas regni vagabundas,qui nulla bona habent in regno:vel cõtra homines vilis conditionis,& vitæ,seu famæ: tamen si aliquis filius richi hoĩs,mesnadarij,militis, infantionis,ciuis,aut hominis villæ honoratæ fuerit per regnum vagabundus: iste talis etiam pro dicto crimine falsæ monetæ non poterit torqueri. Vi- 11
de in declaratione priui. gene. §. item que turment,&.§.sequenti.li.9.fo.54.& simile priuilegium habẽt ciues Romani ab antiquis impatorib' qa ipsi nõ possunt torqueri.Vnde legitur,ꝙ Apostol',ne torqueretur a Iudæis,se ciuẽ Romanũ esse allegauit:ex eo qa eius pater societatem cõtraxerat cũ Romanis,& in signum fuit sibi data penula.Vnde cum torquentes haberent eũ iam ligatũ ad torquendũ,dimiserunt eum,& timuerũt ex quo sciuerunt eum esse ciuẽ Romanũ.Vide originaliter de hoc in actibus Apostolorũ.21.capitulo,transumptiue vero in.c.si in adiutorium.10 distinctione:& vide in foro querientes.ti.de officio cãcellarij circa finẽ.Calat.fo.160.vbi imponi 18
tur pœna,& certa forma procedendi cõtra vicecancellariũ,aut alios iudices,aut officiales, & alios quoscũq. etiam priuatos,qui psonã aliquã,etiam de mandato dñi regis,vel eius locumt. gene.aut primogeniti,aut alterius iudicis,aut alias tormentauerit,aut mandauerit torqueri in casu a foro non permisso.

Torqueri an possint infideles in Arag. videtur, ꝙ sic:quia infideles nõ gaudent foris, nec libertatibus regni.Signanter cum ipsi nõ interueniãt in curijs,vt in obs.de vsu.ti.de fideiussor.fo.18.& 14
in obs.2.de equo vulnerato.Veritas est in cõtra 1
rium,qa infideles,etiam si sint vassalli dñorum, nõ possunt in Arag.torqueri,sicut nec Christiani.Et ita audiui ab antiquis,& senioribus cõsilij iust.Arag.qui retulerũt mihi consulti specialiter p me super hoc,ꝙ nunquam fuit visum, neq. auditũ,ꝙ infideles torquerentur in Aragonia,etiã per dños locorum:licet possint ipsos bene, vel male tractare,siti,fame necare.Ratio est in promptu:quia istud priuilegium,ꝙ non haebat locum tortura in Ara.fuit concessum non solum personis existentibus intra regnum Ara.sed etiam territorio.Quod probatur euidenti ratione,quia videmus,quod etiam extraneæ psonæ seu alienigenæ venientes ad regnum Arag.gaudent libertatibus regni:nec possunt torqueri. Et est etiam notãdũ,ꝙ etiam in casibus,in quibus habet locum tortura d̄ foro,nõ posset adhuc aliquis torqueri,nisi instante,& petente altera parte. Vide glo.& ibi Bal.in ca.iudices in titulo, de pace tenenda

MOLINO, Miguel del, *Repertorium* Fororum et Observantiarum regni Aragonum... Ed. de Juan Miguel Pérez de Bordalva. Zaragoza, Domingo Portonari, 1585.

tenenda,& iuramento firmanda in feudis.

Tortura si fuerit illata personæ manifestatę & ex hoc formauerit grauamē, vide in foro, E por
61 dar.ti.de manifesta.personarū.fo.175. in prima, &.2.colū. Et debetis notare,ꝙ duobus annis ante istum forum accidit,quod ꝗdam Io.de Linares,anteꝗ̄ fuisset cōdemnat⁹,detinebatur captus ꝑ regios alguazirios in ꝗbusdam cloacis,siue cueuas cum capistro ad collū,qui cum fuisset manifestatus ꝑ curiā iust. Ara.petijt ex ista captione se liberari. Et tādem in mense Februa.anno.1459.ī causa manifestationis dicti Ioā.de Linares, toto consi.concorde,fuit deliberatum, quod dictus Io.debebat liberari à captione.

Tortura nō habet locū in Ara.secundum foristas etiam in crimine lęsę maiestatis:quia solum modo repitur vnus casus,in quo habet locū tortura de foro,videlicet in dicto crimine falsæ monetæ:vt in dcā declaratione priui.gen̄. in dicto.
11 §.a este capitol,&c.q.§.loquitur ꝑ dictionem taxatiuam:Nec obstat dicere,quod multo magis delinquit ille,ꝗ cōmittit crimen lęsę maiestatis,ꝗ̄ ille,ꝗ falsat monetam:&quod falsare monetam est etiam committere crimen læsę maiestatis,& ꝙ habemus argumentū a multo magis: vt in ob
29 ser.fori editi apud Excam:ꝗa dictus casus falsæ monetę est casus exceptus contra regulas forales,ꝗa regulariter non habemus torturam. Vnđ talis casus exceptus cōtra regulas forales non debet extendi ex paritate,nec etiam ex maioritate
35 rationis:vt in obs.3.ti.declara.moneta.fol. 45.& in.l.quod vero.ff.de legi. Et notatur in.l.si vero.§.de viro.ff.sol.matri.& hoc reperi scriptum in effectu in quadam apostilla antiqua in dicto.§.a este capitol:& hāc opinionem credo indubitanter esse veram,saluo semper meliori iudicio.

Tutor, Tutor non pōt diffinire a pupillo facto maiore.14.annorum, quousque ipse pupillus habeat.20. annos completos. Tamen postquā pupillus attigerit.14.annos,đ cōsi.duorū parentum bonorum,& ꝓpinquorū, & legalium pupilli ex parte,vnde bona descendūt, & de iudicis auctoritate bene poterit diffinire suum tutorem. Vide in foro vnico.ti.de liberatio-
125 nibus,&c.li.10.fo.60.iuncto foro vnico.ti.vt minor,&c.eodem li.fo.64.& vide Bal.in.l.tutores §.ab eo.ff.de admi.& ꝑiculo tutorum:& vide eūdem Bal.in rubrica.C.de contrahenda emptione in.24.quæstione.vbi dicit,quod si statuto caueatur,quod pupillus non possit vendere nisi cū auctoritate duorum parentum legalium, & propinquorum,qđ illis nolentibus auctorizare,poterit fieri venditio cum solo decreto iudicis,etiā sine auctoritate dictorum parentum. Sec⁹ tamē dicit Bal.si statutum diceret copulatiue cum cōsi.parentum,& cum decreto.& auctoritate iudicis:quia tunc nō sufficeret decretum sine auctoritate seu cōsi.parentum:& vide Bar.in.l. si cum dotem.§.eo aūt tpe.ff.soluto matri. Et circa dictos duos foros,& de intellectu eorum vide infra eodem,versu,tutor quidam.

In capitibus prudentium reperitur in Arag.qđ qđ sit đ rōne scripta,ꝙ tutor solūmodo teneť cōseruare bōa pupilli:& ideo nō teneť augere. Vñ si tutor accepit ī principio tutelę mille florenos cū inuentario,& durante tutela tutor lucrat⁹ fuerit cū illis mille alios mille,non tenetur restituere lucrum pupillo facto maiori ꝓ quo fuit ponderatus ꝑ foristas forus, Officio.ti.de tuto.fo.119 124
in duobus locis ibi,guardar el bien,& pueyto,& ibi,euitarles todo mal,& daño;quia hoc iurant solummodo tutores,& curatores in Ara.vbi ibi. Practica.
facit in sui rōne obs.ti.de nego.gestis.fol.6.& fa 5
cit etiam obs.3.ti.de tutori fol,24.ibi res pupilli 18
saluas fore. Et audiui ab antiquis, quod cōn̄us Ludouicus de Sancto Angelo,ꝗ fuit magnus iurispitus,lucratus fuit plures pecunias cum administratione cuiusdā tutelæ, & cū pecunijs tutelę, & finita tutela lucrum remansit penes eū: & tm̄ fuit condemnatus ad reddēdū pecunias,quas recepit cum inuentario. Pro quo bene facit dicta obs.vnica in ti.de nego. gestis,fo.6.

Tutores debēt facere inuentarium cū instro publico de bonis pupilli:& idem in curatoribus, alias stabitur sup mobilibus,& corū extimatione
iuramento pupilli facti maioris,aut eius hęredis Practica.
vt in dicto foro de tutoribus in fine.fo.119. 124
Et practicat, quod si ex duobus tutoribus vnus iurat,& facit inuentarium,& alius nō:ille,ꝗ fecit inuentariū,pōt opponere cōtra aliū dicendo:tu nō potes agere ī iudicio,nec aliquid exercere: quia nō iurasti nec fecisti inuētarium, & repellere cū a iudicio,& ab alijs:& sic practicatur.

Et de vxore relicta tutrice filiorum in testamēto mariti vel econuerso,vide in foro, La muller, de tutori.Calat.fo.212.& ibi in cuius posse debēt
esse pupilli. 125

Tutores qualiter iurāt in obs. 4.de tuto.fo.24. 18

Tutor si est contumax in nō assignādo bona ꝓ executione,fiet executio in bonis ꝓprijs tutoris, nisi dicat se nō habere bona pupilli,in obs.4.

Tutor ex mala administratione an possit remoueri,ibi in obs.5.

Tutor pōt vendere immobilia pupilli cum auctoritate iudicis & decreto ibi in obser.sexta eo, ti.Istam obs.intelligunt quidam foristæ,nisi bona

na

III. Transcripción de la voz Tortura del *Repertorium* de Miguel del Molino*[1]

Tortura. Tortura est prohibita de foro quia regulariter in Aragonia non habemos tormentum. Et ista est una de magnis libertatibus Aragoniae. Fallit in crimine falsae monetae, quia in isto crimine habet locum tormentum, et hoc tantum contra personas extraneas à regno Aragoniae vel contra personas regni vagabundas, qui nulla bona habent in regno, vel contra hominis vilis conditionis, et vitae, seu famae: tamen si aliquis filius richi hominis, mesnadarii, militis, infantionis, civis, aut hominis villae honoratae fuerit per regnum vagabundus: iste talis etiam pro dicto crimine falsae monetae non poterit torqueri. Vide in declaratione privilegii generalis, §. item que turment, et §. sequenti. libro 9, folio 54. et simile privilegium habent cives Romani ab antiquis imperatoribus: quia ipsi non possunt torqueri.

Unde legitur, quod Apostolus, ne torqueretur a Iudæis, se civem Romanum esse allegavit: ex eo quod eius pater societatem contraxerat cum Romanis, et in signum fuit sibi data penula. Unde cum torquentes haberent eum iam ligatum ad torquendum, dimiserunt eum, et timuerunt ex quo sciverunt eum esse civem Romanum. Vide originaliter de hoc in actibus Apostolorum, 21. capitulo, transumptive vero in capitulo "Si in adiutorium", 10. distinctione: et vide in foro "querientes", titulo de officio cancellarii, circa finem, Calatayud, folio 160. ubi imponitur pœna, et certa forma procedendi contra vice-cancellarium, aut alios judices, aut officiales, et alios quoscumque, etiam privatos, qui persona aliqua, etiam de mandato domini regis, vel eius locumtenentis generalis, aut primogeniti, aut alterius iudicis, aut alias tormentaverit, aut mandaverit torqueri in casu a foro non permisso.

Torqueri an possint infideles in Aragonia. Videtur quod sic: quia infideles non gaudent foris, nec libertatibus regni. Signanter cum ipso non interveniant in curiis, ut in observantia de usu, titulo de fideiussoribus, folio 18 et in observantia 2, de equo vulnerato. Veritas est in contrarium quia infideles, etiam si sint vassalli dominorum, non possunt in Aragonia torqueri, sicut nec Christiani. Et ita audivi ab antiquis, et senioribus consilii Iustitiæ Aragoniæ, qui retulerunt mihi, consulto specialiter per me super hoc, quod nunquam fuit visum, neque auditum, quod infideles

---

* Esta transcripción y la siguiente traducción son obra de Jesús Delgado Echeverría y Daniel Bellido Diego-Madrazo, en el marco del proyecto denominado "Plataforma para el análisis del patrimonio documental del Derecho Foral Aragonés", subvencionado, dentro de la convocatoria para el desarrollo de proyectos de I+D+i de líneas prioritarias y de carácter multidisciplinar para el periodo 2024-2026, por el Departamento de Empleo, Ciencia y Universidades del Gobierno de Aragón, referencia PROY_S11_24, e Ip. Carmen Bayod. https://migueldelmolino.es/login/

torquerentur in Aragonia, etiam per dominos locorum: licet possint ipsos bene, vel male tractare, siti, fame necare.

Ratio est in promptu: quia istud privilegium quod non habeat locum tortura in Aragonia, fuit concessum non solum personis existentibus intra regnum Aragoniae, sed etiam territorio. Quod probatur evidenti ratione, quia videmus, quod etiam extraneae personae seu alienigenae venientes ad regnum Aragoniae gaudent libertatibus regni: nec possunt torqueri. Et est etiam notandum quod etiam in casibus, in quibus habet locum tortura de foro, non posset adhuc aliquis torqueri, nisi instante et petente altera parte. Vide glossam et ibi Baldum, in capitulo "Iudices", in titulo "de pace tenenda", et iuramento firmanda in feudis.

Tortura si fuerit illata personae manifestatae, et ex hoc formaverit gravamen, vide in foro "E por dar" titulo "de manifestationes personarum", folio 175, in prima et 2 columna. Et debetis notare quod duobus annis ante istum forum accidit, quod quidam Iohannes de Linares antequam fuisset condemnatus, detinebatur captus per regios alguazirios in quibusdam cloacis, sive cuevas cum capistro ad collum, qui cum fuisset manifestatus per curiam Iustitiae Aragoniae petiit ex ista captione se liberari. Et tandem in mense Februarii, anno 1459, in causa manifestationis dicti Iohannis de Linares, toto consilio concorde, fuit deliberatum, quod dictus Iohannes debebat liberari à captione.

Tortura non habet locum in Aragonia secundum foristas etiam in crimine laesae maiestatis: quia solum modo reperitur unus casus, in quo habet locum tortura de foro, videlicet in dicto crimine falsae monetae: ut in dicta declaratione privilegii generalis in dicto §. a este capitulo, etc. qui §. loquitur per dictionem taxativam: Nec obstat dicere, quod multo magis delinquit ille qui committit crimen laesae maiestatis, quam ille qui falsat monetam: et quod falsare monetam est etiam committere crimen laesae maiestatis et quod habemus argumentum a multo magis: ut in observantia fori editi apud Exeam, quia dictus casus falsae monetae est casus exceptus contra regulas forales, quia regulariter non habemus torturam.

Unde talis casus exceptus contra regulas forales non debet extendi ex paritate, nec etiam ex maioritate rationis, ut in observantia 3, titulo declarationes monetatici, folio 45. Et in lege "Quod vero", ff. de legibus. Et notatur in lege "Si vero", §. de viro, ff. soluto matrimonio et hoc reperi scriptum in effectu in quadam apostilla antiqua in dicto §. a este capitulo: et hanc opinionem credo indubitanter esse veram, salvo semper meliori iudicio.

IV. Traducción de la voz Tortura del *Repertorium* de Miguel del Molino

La tortura está prohibida por fuero, porque regularmente en Aragón no tenemos tormento. Y esta es una de las grandes libertades de Aragón. Se exceptúa en el crimen de falsa moneda, porque en este crimen tiene lugar el tormento y esto tanto contra personas extranjeras al reino de Aragón, como contra personas del reino vagabundas, que no tienen ningunos bienes en el reino, o contra hombres de vil condición y vida, o fama: pero si un hijo de rico hombre, mesnadero, caballero, infanzón, ciudadano u hombre honrado de villa fuera vagabundo por el reino, entonces éste tal ni siquiera por dicho crimen de falsa moneda puede ser torturado. Mira en la *declaratione privilegii generali*, § *item que turment*, y § siguiente, libro 9, folio 54[1], y similar privilegio tienen los ciudadanos romanos desde los antiguos emperadores, porque ellos no pueden ser torturados. De donde se lee que el Apóstol, para no ser torturado por los judíos, alegó ser ciudadano romano, por el hecho de que su padre había concertado sociedad con los romanos, y en señal de ello le dieron un manto de viaje[2]. Por ello, cuando los torturadores lo tenían ya atado para torturarlo, lo soltaron y tuvieron miedo al saber que era ciudadano romano. Mira originariamente de esto en los Hechos de los Apóstoles, capítulo 21[3], y recogido luego en el capítulo *Si in adiutorium*, 10ª distinción[4]. Y mira en el fuero *querientes*, título *de offcio cancellarii*, hacia el final, Calatayud, folio 160, donde se impone pena y cierta forma de proceder contra el vice-canciller, u otros jueces, u oficiales, y otros cualesquiera, incluso particulares, que a alguna persona, incluso por mandato del señor rey, o de su lugarteniente general, o del primogénito, o de otro juez, o de otro modo, la hubiere torturado, o mandado torturar en caso no permitido por el fuero.

---

[1] Las citas las hemos mantenido en el idioma original. Todas las citas a lugares de los Fueros y Observancias han sido comprobadas y son correctas. Las citas a otros textos creemos que también son correctas. Los folios referidos en las citas de Fueros y Observancias son los de la edición de 1496 (vid. Jesús DELGADO ECHEVERÍA, "Fueros, Observancias y Actos de Cortes del Reino de Aragón", en *Segunda Muestra de Documantación Histórica Aragonesa. Los Fueros de Aragón*, Centro de Documentación Bibliográfica Aragonesa, Diputación General de Aragón, 1989, p.16).

[2] El manto o capote de viaje era prenda específicamente romana. Este relato sobre la adquisición de la ciudadanía romana por el padre de Pablo o Saulo de Tarso, no corroborado por otras fuentes, sería compatible con la opinión más común, que lo considera romano por nacimiento sin poder concretar la causa: el debate historiográfico no está cerrado.

[3] Capítulo 22, 25-30, en las ediciones actuales de los Hechos (Act.). Otras referencias a la ciudadanía romana del apostol en Act. 16,37 y 23,27.

[4] Capítulo VII, *Si in adiutorium*, de la 10ª distinción de la primera parte del Decreto de Graciano: C. VII. *Leges imperatorum in adiutorium ecclesiae licet assumi. Si in adiutorium uestrum terreni imperii leges assumendas putatis, non reprehendimus. Fecit hoc Paulus cum aduersus iniuriosos Romanum ciuem se esse testatur.*

¿Pueden ser torturados los infieles en Aragón? Parece que sí, porque los infieles no gozan de los fueros, ni de las libertades del reino. Especialmente porque ellos no intervienen en las Cortes, como en la observancia *de usu*, título *de fideiussoribus*, folio 18, y en la observancia 2, *de equo vulnerato*. Pero la verdad es lo contrario, porque los infieles, incluso si fueren vasallos de señores, no pueden ser torturados en Aragón, como tampoco los cristianos. Y así lo oí de los antiguos y más ancianos del consejo del justicia de Aragón, que me refirieron, consultados por mi sobre esto especialmente, que nunca fue visto ni oído que los infieles fueran torturados en Aragón, ni siquiera por los señores de los lugares, aunque puedan tratarlos bien o mal, matarlos de sed o hambre. La razón es obvia, porque este privilegio de que la tortura no tenga lugar en Aragón fue concedido no solo a las personas existentes dentro del reino de Aragón, sino también al territorio. Lo que se prueba con una razón evidente, porque vemos que incluso las personas extranjeras o forasteras que vienen al reino de Aragón gozan de las libertades del reino, y no pueden ser torturadas. Y también es de advertir que en los casos en los que hay lugar a la tortura por el fuero, nadie podría aún ser torturado, si no es a instancia y petición de la otra parte. Véase la glosa, y allí a Baldo, en el capítulo *Iudices*, en el título *de pace tenenda et iuramento firmanda in feudis*[5].

Si se hubiera aplicado tortura a una persona manifestada, y por esto hubiera formulado un agravio, véase en el fuero *E por dar*, título *de manifestationibus personarum*, folio 175, en la primera y segunda columna. Y debéis notar que dos años antes de este fuero sucedió que un tal Juan de Linares, antes de ser condenado, fue detenido y puesto en prisión por los alguaciles reales en unas cloacas o cuevas con un ronzal al cuello, quien como fuese manifestado por la Corte del Justicia de Aragón, pidió ser liberado de ese cautiverio. Y finalmente, en el mes de febrero del año 1459, en la causa de la manifestación del dicho Juan de Linares, con el acuerdo unánime del consejo, se decidió que el dicho Juan debía ser liberado de la prisión.

La tortura no tiene lugar en Aragón según los foristas ni siquiera en el crimen de lesa majestad, porque solo se encuentra un único caso en que tiene lugar la tortura según fuero, a saber, en el dicho crimen de falsa moneda, como en la dicha *declaratio privilegii generalis*, en el dicho § *a este capítulo*, etc., que ese § habla con una dicción taxativa.

---

[5] *Libri Feudorum. Compilatio vulgata*, 2.53.4. La cita de Baldo no la hemos identificado. Sobre "La recepción de la obra de Baldo en España", Antonio MARTÍN PÉREZ, *Anales de Derecho*, nº. 25, 2007, con referencias específicas a la utilización de su obra por los foristas aragoneses: en particular "Martin de Pertusa cita con frecuencia la doctrina de Baldo", p. 287 (vid. también ps. 268, 272, 277, 282, 296-297).

No es objeción decir que delinque mucho más el que comete crimen de lesa majestad que el que falsifica moneda, y que falsificar moneda es también cometer crimen de lesa majestad, por lo que tenemos el argumento de por mucha mayor razón, como en la observancia sobre el fuero promulgado en Ejea[6]; porque el dicho caso de moneda falsa es un caso exceptuado contra las reglas forales, ya que regularmente no tenemos tortura. De donde, tal caso exceptuado contra las reglas forales no debe extenderse por semejanza, ni tampoco por mayor razón, como en la observancia 3, título *Declarationes monetatici*, folio 45, y en la ley *Quod vero*, en el Digesto, *de legibus*[7]. Y se señala en la ley s*i vero*, § *de viro*, Digesto, *soluto matrimonio*[8]. Y esto lo encontré escrito al efecto en una cierta apostilla antigua en el dicho § *a este capitol*, y creo indudablemente que esta opinión es verdadera, siempre salvo mejor juicio.

---

[6] Obs., Libro IX, Savall y Penén, II, 62.

[7] D. 1.3.14.

[8] D. 24.3.64.9.

- 3 -

Ni tormento, ni tortura: Un privilegio medieval aragonés en su contexto foral

Jesús Morales Arrizabalaga

Resumen: Jaime I, rey de Aragón, asume en la mitad del siglo XIII la transición del modelo altomedieval de rey-jefe-militar al de rey-gobernante o rey-jurisdicente.

Su destreza acreditada con las armas debe ahora extenderse a las leyes, instrumento de gobierno para tiempo de paz. El derecho puede dominarse por dos procedimientos: con leyes o normas generales o alternativamente mediante juicios. En los siglos XIII y XIV los dos modelos coexisten.

En esos momentos tempranos el rey tiene mejores resultados controlando la expresión judicial del derecho: basta asegurar el control de unos pocos jueces que actúan en su nombre y aplican sus criterios. El rey pretende un espacio político ocupado; para aminorar el conflicto elige presentarse como rey benefactor; para ello su mejor opción es ofrecer un sistema judicial regulado, con actuaciones razonablemente previsibles.

Esto explica la atención escrupulosa que los libros de fueros aragoneses prestan desde el principio a la actividad de los jueces en temas como la práctica de la prueba y su apreciación reglada. Bloques enteros de la foralidad se dedican a la confiabilidad de las pruebas escritas (de fide instrumentorum) o a las de testigos (de testibus). En este contexto se sitúa la renuncia del rey y sus jueces a mecanismos de tormento: la declaraciones obtenidas mediante sufrimiento no son fiables. En la búsqueda de la verdad que preside la acción del rey (y del juez en su nombre) debe descartarse. Hay además consideraciones de carácter moral, la inhumanidad de las prácticas de tortura, pero creo que desempeñan un papel complementario.

Abstract: In the mid-13th century, James I, King of Aragon, epitomized the transition from the early medieval model of 'rey-jefe-militar' to 'rey-gobernante'. The efficacy demonstrated by his proven skill in arms was now being directed towards the law, the fundamental instrument of peacetime governance.

Law could be administered two ways: through laws or general regulations, or alternatively through trials. Both models coexisted during the 13th and 14th centuries. Initially, the king achieved better results by steering the judicial expression of the law: it was enough to secure his control over a few judges who acted in his name and applied his criteria.

To mitigate potential conflicts, James I sought to present himself as a benefactor king. His best means to cultivate that impression was to establish a regulated judicial system recognizable by the predictability of its proceedings. This explains the scrupulous attention that Aragonese Fueros paid from the beginning to judicial activity such as the taking and regulated assessment of evidence. Entire sections of the foral system were thus devoted to the reliability of written evidence (de fide instrumentorum) or witness evidence (de testibus).

It is in this context that king James I and his judges renounced the use of torture: statements obtained through suffering were inherently unreliable. In the search for truth that governs the king's actions (and the judges acting in his name), torture had to be ruled out. There were also moral considerations, such as the inhumanity of coercive practices but, as I argue, they play a complementary role.

I. Tormento y tortura, némesis del derecho

Tormento y derecho son literalmente antinómicos. No hay que entrar en valoraciones de contenido: la contraposición está en el lenguaje. Derecho, directum, contiene 'recto': Isidoro de Sevilla convirtió esta asociación y derivación en fundamento para su brocardo y, por extensión, toda su teoría política del rey cristiano: Rey serás si riges rectamente, si no, no serás. Recto tiene una carga valorativa positiva, un sesgo moral. Parece que su fundamento es la línea recta vertical: en el lenguaje corporal es frecuente que se haga un gesto precisamente vertical descendente cuando se quiere reforzar una afirmación. Algún antropólogo imaginativo lo asocia con la subida a un árbol que permite a una especie débil como la humana escapar de los depredadores.

El significado común de 'torcido' se ha desviado en nuestro contexto de uso alejándola de 'derecho'. La raíz se mantiene como palabra principal en el inglés jurídico (tort) que traducimos con muy poca precisión como 'daño' .En español hay rescoldos... pocos y no muy usados: torticero, retorsión... entre los destacados y moderadamente activos. Tormento y tortura contienen esa idea de torsión (torquere). Lo más opuesto a 'recto'. En esa antropología creativa se explica porque representa la huella de la serpiente sobre la arena. Es también cierto que en el lenguaje corporal suele expresar la falta de rigor, la insuficiencia de fundamento de una afirmación mediante un movimiento de manos sinuoso.

Desde la raíz las palabras que contienen 'torsión' provocan rechazo o al menos recelo instintivo, en contraste con el efecto tranquilizador de lo recto. En la normativa aragonesa y la cultura que la sustenta, ese rechazo primario alcanza un grado de mayor desarrollo y efecto expreso desde el siglo XIII. Lo vamos a ver en el contexto bajomedieval de sus primeras formulaciones.

II. Desde el siglo XIII el sistema judicial real aragonés renuncia al tormento como prueba testifical fiable

La tortura, así como la 'inquisitio' o pesquisa, es rechazada rotundamente en Aragón. Este principio tiene varias formulaciones; la referencia segura está en la que conocemos como Declaración del Privilegio General de 1325, pero puede rastrearse en textos anteriores, tal vez desde 1247.

> «Declaracio privilegii generalis... Estas son las cosas que los ricos hombres, mesnaderos, cavalleros, infanzones, ciudadanos, e de las villas e villeros del regno de aragon suplican al senyor rey que mande seguir e ordenar.
>
> Primerament, que inquisicion no sia feyta en aragon contra alguno. E si feyta es... A este capitol responde el senyor rey que atorga por satisfer a la voluntat de la cort que... no sia feyta inquisicio ni sia [enantado] por manera de inquisicio...»

Hay dos textos directamente relacionados con esta Declaración: el propio Privilegio General y el Fuero de 1348 que confiere naturaleza jurídica de Fuero de Cortes tanto al Privilegio General como a la Declaración

Cuando he abordado una lectura detenida de los tres textos me he encontrado con un conocimiento de base insuficiente, al que añado la cautela que me despiertan los posibles sesgos de la historiografía en que hemos basado nuestras interpretaciones. De esta insuficiencia puedo ser el único o principal responsable porque desconozca algún estudio que resuelva las cuestiones que planteo. Asumiendo esta posibilidad, en el estado actual de mis conocimientos, el análisis integrado de esos tres textos principales me plantea dudas que propongo como objeto de estudio para ocasiones posteriores.

El texto de 1348 es terreno seguro. Estamos en las que probablemente sean las Cortes más importantes en la configuración institucional del Reino de Aragón. Pedro IV recibe un legado poco estructurado, torpe para asumir las acciones de gobierno que se plantea, con deficiencias notorias en los aspectos constitutivos centrales; con insuficiencia regulatoria y deformaciones introducidas en la práctica que intenta reconducir. Aprueba fueros decisivos que definen la actividad normativa, y relación del rey y sus oficiales con los Fueros (Quod Dominus rex...; De iis quae dominus rex...) y en general los instrumentos aceptables de verbalización del Fuero, lo que supone su intervención en la actividad del Justicia de Aragón (con éxito limitado).

En este punto de nuestra reflexión aflora nuestro conocimiento insuficientemente preciso del propio término «Fuero» y los muy distintos conceptos que nombra. Para facilitar el discurso propondré algunas lexicalizaciones formando, entre otras, las expresiones 'Fuero-de-Aragón' diferenciado de 'Fuero-de-Cortes'. Para simplificar también sugiero que evitemos la expresión 'fuero breve' y la reemplacemos generalmente por 'privilegio'.

El Privilegio General se incluye siempre en las colecciones de fueros; en concreto así en la que que considero primera versión autorizada por el rey Jaime II, que conocemos a través del manuscrito Add. 36618 de la British Library [1]

Tenemos que dedicar atención más intensa al sentido de los términos en la mitad del siglo XIII. Por ejemplo, 'Privilegio'. Conservamos un manuscrito que pasó por la cualificada mano de Tomás Fermín de Lezaún[2], que es buen punto de partida para mejorar nuestra comprensión de la palabra, situándonos en el juego de las relaciones del rey con los 'domini' y poderosos del reino.

---

[1] Creo que es un ejemplar próximo al rey Jaime II 1305. Su contenido es: ocho primeros libros de fueros de Aragón en latín; siguen los fueros aprobados en 1301, y después una o dos colecciones de observancias. Cuando finalizan éstas, añadidos los fueros de 1301, 1307 y 1311. Finalmente el Privilegio General. Ya se ha realizado la compresión de los nueves libros originales de las versiones el siglo XIII, formando un nuevo libro II mediante la compresión de los 2 y 3, para hacer hueco a la legislación de Jaime I manteniendo la estructura en nueve libros, referencia por imitación de las versiones medievales del Codex de Justiniano. El contenido del añadido libro IX ofrece una versión que parece bastante diferente de la que se termina consolidando en copias manuscritas y luego se imprime

[2] Manuscrito 147 de la Biblioteca Universitaria de Zaragoza

El Privilegio General y la Declaración del Privilegio General se incluyen en las ediciones oficiales de fueros desde esa que considero primera consolidada, pero no son «fuero». La categoría «Fuero» describe un tipo normativo que, sobre todo, conlleva unos criterios de interpretación propios: una «lectura literal» que no abre ninguna intervención transformadora del lector. El reconocimiento de esta categoría normativa específica es causa de conflictos que llegan a sustanciarse como pleito. «Que el Privilegio de veynte no es fuero ni acto de corte»[3]

Estoy lejos de proponer una interpretación definitiva, pero adelanto algunos matices que me parecen verosímiles: La 'Declaración' no es una convalidación del texto que conocemos como Privilegio General. Ni su glosa. En mi opinión uno y otro son verbalizaciones paralelas de un concepto nebuloso que responde a la idea de privilegio; hay otros muchos privilegios cuya confirmación se pide al rey; el propio Jaime I o, más probablemente sus sucesores inmediatos. Estos privilegios parciales los podemos rastrear en colecciones como la del citado manuscrito 147 de la Biblioteca de la Universidad de Zaragoza El Privilegio General tiene un estilo parecido, pero trasciende lo particular y contiene, lógicamente, aquellos que trascienden un ámbito territorial o personal limitado.

El esquema debe resultarnos conocido. He escrito ya en varias ocasiones la existencia de un concepto 'Fuero-de-Aragón' o simplemente 'Fuero' que encaja con la idea de Isidoro de Sevilla: hay una nube de derecho. El rey, auxiliado por sus asesores, la averigua, elucida y verbaliza en palabras ciertas bien mediante leyes o mediante juicios (iuris dictio). En su aplicación al contexto aragonés he nombrado este tipo de operación como forisdictio. En efecto, en textos del siglo XIV (observancias sobre todo) hay remisiones a fuero ('esto es según fuero') para las que no encuentro correspondencia con los Fueros del rey en Cortes editados en las colecciones oficiales que, a esas alturas, ya están muy estabilizadas. De manera similar hay un conjunto no verbalizado de privilegios, en que la intervención de los reyes es muy difusa y difícilmente acreditable. Creo que tanto el Privilegio General como la Declaración del Privilegio General son verbalizaciones de ese fondo privilegiado común tan difuso. Creo que cuando dicen 'declaración del privilegio general...' no es una confirmación del texto de 1283 sino que uno y otro texto beben en fuentes comunes. El fuero de 1348

[3] Alegación disponible en BIVIDA. El Privilegio de Veinte, junto con las causas del Virrey Extranjero o del Capitán de Guerra son el argumento de una serie interesantísima de Alegaciones en Derecho que, con la aportación del Colegio de Abogados de Zaragoza promovida por el Dr. Bellido, completa la notabilísima serie de Alegaciones que se reproducen en BIVIDA

sí se ciñe estrictamente a textos ya formalizados. Me parece que es una estrategia común con la que el mismo Pedro IV decide acerca de las Observancias: durante la primera mitad del siglo XIV el Justicia ha verbalizado directamente ese fondo 'Fuero-de-Aragón' creando criterios judiciales vinculantes que entran en colisión con las verbalizaciones en Fueros y Actos de Corte. Siempre en mi opinión, Pedro IV intenta ceñir la actuación del Justicia a la aplicación de fueros del rey en las Cortes cerrando esa práctica de acudir directamente al 'Fuero'.

No tengo identificado el momento en que este pronunciamiento de Jaime II en Cortes de 1325 sobre privilegios comienza a denominarse 'Declaración del Privilegio General'. Yo apuntaría hacia 1348. La edición de texto de Cortes dirigida por Laliena y Faci permite fundar este matiz. El encabezamiento del documento:

> **«Privilegium concessum per dominum regem nostrum aragonensibus in Curia generali quam eis celebravit mensibus septembris et octobris, anno Domini millesimo trecentesimo vicesimoquinto.»[4]**

La descripción que hacen los editores evita también el nombre que se ha hecho común:

> **«Jaime II confirma en las Cortes las demandas solicitadas por los brazos en las Cortes anteriores, como aclaración del Privilegio General y como respuesta a los cambios introducidos por el monarca.»[5]**

Este celo en la expresión es un indicio que sustenta mi opinión de que el Privilegio General y la Declaración son textos paralelos pero no subordinados. Ni glosa, ni sólo confirmación. La relación es distinta y nos queda margen para seguir reflexionando sobre ella. Tampoco es decisivo: simplemente creo que el privilegio general que se declara no se limita al texto de 1283 sino que remite a un fondo más amplio de privilegios de los que entresaca los que pueden considerarse más generales.

III. La distorsión historiográfica: cuando la restricción del tormento se incluye entre las libertades

La palabra 'historia' es confusa. Suele pasar con las que tienen un contenido muy atractivo que induce a multiplicar su uso... hasta llegar

---

[4] Acta Curiarum Regni Aragonum. Tomo I – Volumen 2. p.656 del original, 248 del .pdf

[5] Ibidem 655 del original, 248 del .pdf

a la distorsión disparatada como cuando se afirmaba que los tres tenores habían democratizado la ópera. Supongo que antes de cada sesión pedían votaciones acerca del repertorio a interpretar.

Una discusión improductiva en torno a 'historia' es la que plantea la objetividad-subjetividad de la disciplina. Para mí está al nivel de la alternativa entre tortilla de patata con o sin cebolla.

Historia es mirada, connota observación y selección de lo observado y eso, de momento, requiere un sujeto agente. Un historiador riguroso intentará contaminar lo menos posible el objeto de su observación y comportarse con algo que coloquialmente podemos denominar objetividad.

Historia describe al mismo tiempo tanto sucesos y acciones del pasado como su narración. Para evitar este lío semántico recurrimos a la palabra historiografía que ya nos limita a la narración. Estas narraciones tienen sesgos nacionales, modas… Los historiadores que la protagonizan normalmente no quieren engañar, al contrario, quieren atenerse a lo observado y descrito y reconstruido con rigor, pero inevitablemente imponen su sesgo. Se trata de operar como en las películas de cinemascope: la imagen estaba distorsionada para aprovechar el limite físico del celuloide (70mm, en el mejor de los casos) que exigía una lente correctora en la proyección. Podemos manejar razonablemente narraciones distorsionadas, con alguno de esos sesgos, siempre que tengamos la cautela de aplicarles la herramienta de descodificación que los controle o corrija.

Los hechos y acciones del reino de Aragón han sido muy atractivos para determinados enfoques. Ideas como la de libertades, pacto… y el enfrentamiento al denostado y temido Felipe II —que compartimos con tantos de nuestros vecinos— nos situó en lugares destacados de alguna de las narrativas políticas. Juan de Lanuza V° es honrado en una placa en el hemiciclo del palacio de las Cortes en Carrera de San Jerónimo como defensor de las libertades.

Nuestro objeto de estudio se concentra en la primera mitad del siglo XIV; con raíces desde 1240. Una primera distorsión procede del desconocimiento: aún no han pasado muchos años y las ideas sobre la naturaleza de la compilación realizada por Vidal de Canellas por encargo de Jaime I eran ya confusas o erróneas. Todavía en el siglo XVII Juan Luis López se sorprende por la falta de precisión de la información sobre ese texto fundacional del sistema aragonés de fueros generales. Es situación generalizada: nuestro conocimiento del pasado medieval es mucho más exacto que el que han tenido épocas anteriores, incluso en fechas muy próximas a los sucesos porque muy pocos tenían información directa fiable de las decisiones del rey y los poderosos.

El sesgo por desconocimiento tiende a integrarse mediante conceptos y materiales actuales; es lo que llamamos 'presentismo'. En mi opinión el caso que más distorsiona es el recurso indiscriminado a la noción 'costumbre' que, en un volapié notorio, pasa a convertirse en expresión directa de la voluntad del pueblo y, de ahí, un paso para considerar populares y democráticas las experiencias señoriales autocráticas.

La distorsión principal originaria más intensa se desarrolla desde 1430. No me extenderé: hasta ese momento hay un único sujeto jurídico político —el rey— y se acelera y profundiza una teorización completa y novedosa del poder del rey, monarca. En Castilla la transición al modelo monárquico es rápida y relativamente sencilla. En la Corona de Aragón y el reino de Navarra se consolida un modelo alternativo que germina el poder político: hay ya dos sujetos (el rey y el reino) lo cual da pie para explicaciones de tipo pactista. Hay una formulación más radical que da otra explicación que convierte al rey en autoridad delegada. Son lo que solemos conocer como Fueros de Sobrarbe: una asamblea de poderosos (domini) reunidos en una cueva deciden darse leyes y tener rey. En alguna versión aprovechan el viaje para situar en ese momento fundacional el origen del Justicia Mayor. Es un juego de prioridades temporales que determinan la naturaleza originaria o derivada (delegada) de los poderes y competencias.

Unos pocos años antes la Corona de Aragón ha tenido la crisis sucesoria por la muerte sin testamento de Martín I. Se abre el periodo llamado Interregno en el que concurren varios candidatos; todos ellos sitúan el argumento dinástico en el eje de sus pretensiones. Suelen agregar como méritos adicionales indicios de sabiduría o prudencia, características de buen gobernante. Es el modelo clásico reproducido: el rey David, iniciador de una dinastía favorecida por Dios, junto al rey Salomón legitimado por su sabiduría. Se vacían armarios, recorren archivos, buscando una práctica sucesoria que pueda proponerse como regla a seguir. En ningún momento nadie alega el carácter electivo del rey de Aragón ni de ninguno de los títulos dominicales agregados; si hubiesen existido esas leyes fundacionales que hacían electivo el oficio de rey alguno de los candidatos las hubiesen invocado, al menos los que tuviesen derechos dinásticos más endebles.

En muy pocos años la aportación doctrinal del Príncipe Carlos de Viana y los primeros cronistas que toman como objeto ya no al rey sino al reino (Vagad...) han completado el fundamento doctrinal de la existencia de otro sujeto jurídico político, ahora no unipersonal sino colectivo: el reino. Se fundamenta un desdoblamiento de sujetos que hace posible el pactismo como forma de gobierno; casi diría que lo hace inevitable.

El pacto en sentido estricto requiere la existencia de dos sujetos. Hasta que no se consolidó la idea del reino como sujeto, el apoyo dominical a las reyes se sitúa en otro orden de conceptos: el rey necesita materialmente el apoyo de los poderosos, no tiene recursos propios para desarrollar su acción de gobierno. Hay acuerdo, pacto, consenso... que articula esa cooperación que uno y otros necesitan.

En la doctrina clásica consolidada sólo los sujetos pueden ser titulares de derechos. Hasta ese momento (segunda mitad del siglo XV) los privilegios eran de personas individuales, clases y condiciones o de poblaciones y colectivos de tipo vecinal. Ahora dan un salto cualitativo y se convierten en privilegios del reino, convertido en antagonista del rey y llevado a un mismo plano de conceptos.

Miguel del Molino, nada menos que Miguel del Molino, da un paso al asociar la idea de privilegio con la de libertades. Si leemos la voz 'libertades del reino' de su obra (Repertorio de fueros...) vemos que son fundamentalmente privilegios fiscales y jurisdiccionales, poco parecido con lo que siglos más tarde entenderemos por libertades (que tienen su hábitat natural únicamente en espacios políticos democráticos). Pero la pasarela está servida.

Estas construcciones que fundamentan la existencia de un sujeto reino, titular de derechos y libertades, se mantienen dentro de la horquilla de teorías políticas ya formuladas; no son dominantes pero existen. Se da un salto de especie cuando entra en escena Antonio Pérez que atrae hacia su persona la ira del rey tanto como las simpatías de los muchos que envidian y odian a Felipe II. Cuando la reacción del rey está activa, el felón Antonio Pérez huye (trayendo la desgracia a las familias tensinas que le acogen temporalmente) y se hace famoso predicando sus maldiciones entre París y Londres. Las cuentas que deja se girarán contra la persona del Justicia Juan de Lanuza, el joven, que se interpone olvidando la prudencia y capacidad de maniobra jurídico política de su padre, el anterior Justicia, que había gestionado la confrontación enquistada que se arrastraba ya desde el siglo XV, cuando al rey Fernando II de Aragón (Fernando el Católico) le habían alegado contrafuero ante la decisión de constituir en Aragón un Tribunal del Santo Oficio para la inquisición de la herética pravedad. Sus gritos todavía deben resonar.

Poco a poco se decanta la idea: libertades contra tiranía. Son frecuentes este tipo de mistificaciones que buscan la identificación de primeras expresiones de gobiernos democráticos, cortes precoces... Tienen su interés siempre que no olvidemos que entre aquellas reuniones aristocráticas y sus decisiones y las democracias del siglo XX hay varios saltos de especie que no se pueden obviar. La tiranía es concepto consolidado desde Grecia y Roma y su rechazo es constante e intenso. Tiranía es, por cierto, el concepto de referencia, no el 'absolutismo' que es relativamente reciente. Autores o manifestaciones de oposición al tirano reciben una simpatía muy extendida.

En el siglo XIX España se convierte a empentones en régimen constitucional (con la incrustación del rey felón Fernando VII y su descendencia). El proceso se acometió con unas élites acomplejadas porque no pueden exhibir pedigrí antitiránico ni mucho menos democrático. No hemos hecho una revolución. Las cualidades de algunos de nuestros gobernantes, que las tuvieron, quedan sepultadas por la asociación dominante en Europa de nuestra España con la oscuridad, la ignorancia y la tiranía. Lo que llamamos Ilustración remata esta imagen de retraso político (retraso en general) que intentaron compensar exaltando movimientos como los Comuneros castellanos y nuestra resistencia armada (pobremente armada) nada menos que al ejército castellano. Ese que en una placa en el Mercado Central de Zaragoza colocada en 1991 es calificado como extranjero e invasor: imagino que Felipe II no era en ese momento rey de Aragón y que la Corona de Aragón era una confederación de repúblicas populares independientes. En el siglo XIX la identificación entre aquellos privilegios del siglo XIV, las libertades del XVI, con las libertades públicas quedaba consolidada.

El hito destacado en esta asociación de la emergente y precaria democracia española con Aragón y Navarra lo ofrece Agustín de Argüelles cuando tiene que asumir el papelón de presentar y defender en diciembre de 1811 una ponencia constitucional que a una parte de los Diputados parecerá afeitada y reaccionaria y a otros un peligrosa invasión de conceptos extranjerizantes ajenos a la tradición política y espiritual española. Argüelles resuelve el envite con brillantez invocando el carácter español de las tradiciones políticas aragonesa y navarra, que ofrecían expresiones nítidas y originarias de formas de gobierno con poderes limitados del rey. Lo cual, al menos en lo sustancial, era bastante cierto: aunque basada más en mitos que en documentos originales, desde el siglo XVI está asentada la percepción de que el rey en Aragón tiene límites de los que carece en otros reinos, como Castilla.

IV. Desde el siglo XI en Aragón emerge el rey como jefe militar

Vayamos atrás. Al siglo XI en que se reconstruye la institución real. Rey es palabra genérica. Monarca es ambivalente; no son sinónimos. En este tipo de situaciones empezamos fijando significados.

Rey indica jefatura: regir. Por eso desconfiamos de referencias de geógrafos e historiadores griegos y romanos cuando hablan de reyes en Iberia; muy probablemente en la mayor parte de los casos se trate de jefes tribales. El concepto avanzado de rey próximo a lo que nosotros entendemos, tiene una base abstracta que requiere de una estructura de conceptos que definan las cuestiones básicas: ¿Quién es rey? ¿por qué? ¿cuál es la naturaleza de su dominio? ? cuáles son las condiciones de su ejercicio? ¿qué son conceptos como 'mayoría'? y otras muchas. Esta estructura tiene un coste político, un coste de socialización que debe ser compensado, normalmente por la percepción de utilidad; es constante en muchas culturas la idea del rey benefactor, que mejora la fertilidad, la feracidad de las explotaciones agropecuarias, la riqueza en general... muchas veces asociada con su propia longevidad extraordinaria. Este tipo de estructura es poco coherente con lo que sabemos de esas sociedades hispanas con la excepción de las entidades del suroeste peninsular: la zona en que situamos a Tartessos y quién sabe si la Atlántida. No obstante, la consolidación de este modelo es gradual, se desarrolla en periodos largos de tiempo y es posible que en algunos casos el contacto de algunos pueblos con Grecia y Roma se produzca cuando ya han iniciado la transición hacia modelos que consideramos completos de realeza.

En este texto, reservamos 'rey' para una institución que tiene al menos dos características: elemento dinástico, basado en el favor divino hacia una estirpe (el rey David, por ejemplo) y naturaleza distinta de su autoridad en comparación con la de los otros poderosos (domini) que le acompañan. Del carácter dinástico se deriva la predeterminación en la sucesión de la jefatura del grupo. En otros modelos de jefatura, la sucesión abre un periodo de confrontación en que se miden las fuerzas de los aspirantes: fortaleza física, militar, económica, sabiduría... El rey dinástico reduce las candidaturas: deben extraerse dentro de una estirpe en que se aplican unas reglas sucesorias que establecen los órdenes de preferencia.

Los reyes dinásticos no son inherentes a la sociedad. De hecho requieren ese esfuerzo notable de socialización apoyada en modelos teóricos nada obvios. Conclusión: durante bastantes décadas no hay rey en Aragón. De hecho no hay 'Aragón'. El primer paso en esa transición hacia el modelo real dinástico es la jefatura militar que encaja en la máxima 'primus inter pares'. En esta fase primaria encajan los elementos fundamentales de los que denominamos Fueros de Sobrarbe: una reunión de poderosos (domini) que deciden que uno de ellos actuará de jefe común, con un poder en su caso mayor pero de la misma naturaleza que el del resto de asociados. La jefatura común mejora la eficiencia de tropas señoriales y se acomoda a las características de la estructura de mando de los antagonistas musulmanes. Pero hay una tendencia general, casi universal, a retener la jefatura en la familia. Una propensión a la retención dinástica que hemos visto incluso en un modelo nominalmente republicado como el romano. Este efecto puede lograrse por vía de hecho pero sigue siendo vulnerable por cuestionable. Los detentadores de esa jefatura buscan un salto de naturaleza: que su autoridad deje de ser precaria y su mayor fuerza sometida a contraste permanente. El recurso más común es argumentar la intervención, el favor divino. Directo, o mediato a través de la participación de santos o familiares de los dioses decantando de manera inesperada el éxito de la batalla o del sitio. La épica homérica es el ejemplo más notorio.

El favor de Dios hacia el rey cristiano tiene otras claves que no es el momento de desarrollar. ¿Cómo se reconoce la intervención divina en la designación de un rey cristiano? Podían recurrir a narraciones de hechos milagrosos pero el procedimiento más seguro, por incuestionable, es la participación del representante formal de Dios en la Iglesia: del Papa. Un ceremonial de coronación protagonizado por el Papa, con la entrega o imposición de atributos de rey cristiano, no admite discusión. El procedimiento es costoso, tanto por la financiación de la expedición a Roma como por las contraprestaciones que exigirá el Papa; como alternativa se desarrolla un formato simplificado mediante delegación; la transferencia de autoridad se confía a un Arzobispo principal (en nuestro caso el de Tarragona)o incluso al de la sede cesaraugustana.

Las otras entidades dominicales que forman inicialmente la Corona de Aragón mantienen su estatus, normalmente condal. No hay título de 'rey de Cataluña' ni de ninguna de sus fracciones. ¿Explicaciones? Yo apunto dos líneas: en primer lugar el coste, que no era cuestión menor. En segundo la rivalidad entre alguno de los condados que se resistirían a ser absorbidos por el mayor de ellos, el de Barcelona. Además una vez que la persona que agrega los títulos de dominio de distinto rango alcanza la condición de rey, puede resultarle suficiente. Ya es rey. No necesita duplicar el esfuerzo. Desde el punto de vista del rey debe resultarle suficiente tener ese título aunque sea vinculado sólo a un territorio. La aspiración a elevarse del rango condal al real hubiese tenido más sentido desde la perspectiva de los territorios; pero esta aspiración a la subjetividad colectiva va a tardar unas décadas en manifestarse. Hasta mediado el siglo XV.

Mientras se produce la transición de modelo, el rey-jefe-militar sigue conquistando, extendiendo su dominio y el de los 'domini' (señores) que le proporcionan tropas auxiliares. En torno a un título principal (de rey en sentido estricto) se agregan títulos dominicales que en ocasiones se diluyen en el principal pero en la mayor parte de los casos mantienen su integridad al menos hasta que desde finales del siglo XVIII se consolide el título integrador de rey de España. En el caso aragonés no hay absorción, fusión ni mezcla: los instrumentos técnicos proceden del derecho privado (capitulaciones matrimoniales y conquista). Son completamente anacrónicos y contrarios al rigor expresiones del tipo 'confederación' que exigen la existencia de sujetos jurídico políticos distintos que acuerdan una organización común (cuyas reglas tendrían que definir). Este argumento debe ser suficiente pero debemos descartar todo lo que suene a 'igual principalidad' el aequeprincipaliter que invocarán en el siglo XVI para explicar la agregación de Navarra. Las capitulaciones son de título de Rey con título de Conde (de Barcelona...): la igual principalidad sugiere una igualdad de estatus jurídico que no existe; tampoco es correcto hablar de subordinación ni afirmar que Cataluña (que no existe en ese momento como entidad política) se convierte en provincia de Aragón; entre otras cosas no existe 'victoria' (pro-vincere). Para dar nombre a esa agregación de títulos hablamos de 'Corona de Aragón', término que va a tardar en tener una estructura institucional correspondiente, y que nunca será completa: a diferencia de Castilla, no hay Cortes de la Corona de Aragón, ni legislación común, ni tribunal superior.

De momento estamos en los siglos XI a XIII. Los reyes apenas legislan; desde luego no se plantean una legislación que podamos llamar general porque comprenda todas las materias, ni general porque se aplique en todo su territorio. Sólo ocasionalmente utilizan herramientas legislativas para consolidar su actividad conquistadora. Son los habitualmente llamados «fueros breves» que yo prefiero denominar privilegios, porque esta palabra contiene la idea de 'ley' que asociaremos con 'rey'[6]. Leyes específicas para consolidar fronteras (extrema-dura), para remunerar colaboraciones militares (privilegios remuneratorios), para atraer población que propicie el desarrollo de economías de intercambio, de burgos y burgueses, que sirven para definir zonas de realengo, no dependientes de señorío civil ni eclesiástico.

Entonces ¿no existe derecho en esos siglos de la alta edad media?. Si, pero no. Si asociamos derecho con ley, que requiere un legislador, que asociamos con una institución de rey en sentido restringido la respuesta es no (salvo esos privilegios ocasionales). Pero ¿es razonable pensar que una sociedad en evolución prescinde del derecho? No.

El derecho resuelve conflictos o prevé soluciones para ellos. Pero es, como hemos dicho, una tecnología exigente. En las sociedades medievales hay un modo más sencillo de resolverlos: como son grupos cerrados, hay en ellos una autoridad común, bien civil, bien eclesiástica. El aglutinante es un concepto tan consolidado como 'dominio' atribuido a un 'dominus'; aunque solemos usar el adjetivo señorial me parece más expresivo la alternativa 'dominical' porque senior tiene poca densidad semántica en la media que apenas indica edad. El título de dominus se combina con el de paterfamilias; este conjunto proporciona suporte suficiente para las necesidades de dirección y ordenación de grupo. Los domini actúan mediante decisiones. Estas decisiones carecen de los atributos fundamentales de las normas jurídicas.

La norma jurídica tiende a la generalidad, a la analogía en sentido estricto (nuestra 'igualeza'): casos semejantes deben recibir soluciones semejantes. La ley se aplica por igual, las decisiones judiciales que emanan de autoridades judiciales tienden a reproducirse. Por el contrario las decisiones señoriales (dominicales) carecen de esta aspiración a la generalidad: un señor puede hoy decidir un conflicto con un criterio y mañana resolver otro semejante con criterio distinto.

Esta prevalencia de decisiones casuales (para cada caso concreto) resulta poco satisfactoria cuando se desarrollan economías de intercambio que se realizan en espacios reservados para ellas: plaza, foro, corte (court). Entran en relación personas de grupos sociales distintos, que no tienen un jefe común que decida. Ferias y mercados desbordan el ámbito dominical. Se consolidan unos 'usos de la plaza' 'usos del foro' que tienden a plantearse como reglas. Todavía hoy en la contratación mercantil de mayor complejidad es frecuente la remisión a 'usos de la

[6] Aquilino IGLESIA FERREIRÓS advirtió ya en 1977 que la expresión fuero breve frente a fuero extenso tiende a hacer esconder la diferencia de naturaleza jurídica entre uno y otro tipo normativo.

plaza'. Algunos perspicaces vieron oportunidad de negocio y ofrecieron su intervención como árbitros argumentando su conocimiento de los usos de la plaza, de una plaza en concreto. Son los 'conoscedores' de los usos del foro, de lo que comienza a conocerse como foro o fuero.

Estos sabidores, conocedores o simplemente foristas coleccionan soluciones por su sabiduría y con independencia de la autoridad de procedencia: saltan fronteras españolas (de Navarra, de Castilla... todo se aprovecha) pero incluso las traen de libros de sabiduría, como algunas soluciones a conflictos recogidas en las Mil y una noches.

El derecho se comporta de una manera muy semejante a las lenguas. El latín se mantiene como lengua vehicular pero, fuera de control de ortodoxia, se deriva en lenguas romances. No veo razón por la que los cristianos renuncien a los rescoldos del muy desarrollado derecho visigodo del siglo VII (muy romano y muy poco germánico). Las relaciones en esas ferias y mercados se van haciendo más complejas; ¿para qué esforzase en construir una solución nueva si persiste el recuerdo de la solución romano-goda?

En resumen: en la primera mitad del siglo XIII las sociedades cristianas desarrollan relaciones complejas que resuelven con unos usos de origen para ellos desconocido pero de calidad manifiesta y que resultan vagamente familiares a los intervinientes, de la misma manera que es reconocible el eco de la ínfima latinidad en las lenguas romances del momento.

Estas soluciones tienen una característica llamada a ser definitoria: su eficacia no se fundamenta en la autoridad de un rey. Es probable que remotamente haya habido alguno en su origen, pero ni se conoce ni importa.

No tenemos expresión satisfactoria para referirnos a estos usos. Lexicalizo: **Normas-no-del-rey.**

Se mantienen como secreto profesional de esos 'conocedores'; sin duda las coleccionan y escriben, pero no publican porque son la base de su actividad seguramente rentable y desde luego influyente. Lo que no es creíble es que las reglas tan elaboradas que van a editar unas décadas más tarde sean expresión espontánea y directa de una voluntad popular no organizada; es decir, resulta confuso calificarlas como costumbre porque tenderemos a extrapolar el concepto actual de los códigos civiles. Utilizando terminología actual, no es creíble pensar en una costumbre generativa de esas reglas tan complejas y decantadas, pero sí actuará una costumbre adaptativa, precisamente para hacer aplicables en la edad media reglas procedentes de estructuras institucionales romano-godas o eclesiásticas, complejas.

V. En el siglo XIII la institución se extiende como rey para tiempo de paz: rey jurisdicente

'Acabadas las ganancias de la conquista' son palabras atribuidas al rey Jaime I mediante las que declara que ha llegado el momento de prepararse para tiempo de paz. Paz relativa, porque es cierto que el enemigo extranjero acota su presencia en la península pero los conflictos y tensiones interiores en la Corona y frente a otros reyes y autoridades cristianas son graves y constantes.

El emperador debe ser diestro con las armas y con las leyes. Unas para tiempo de guerra, otras para gobernar la paz. Es máxima derivada de la doctrina del emperador romano cristiano, adaptada a los reyes del siglo XIII. La encontramos en Inglaterra (la recoge la obra sobre leyes y costumbres de Inglaterra, que atribuimos a Bracton como autor principal) y los reyes españoles tanto los castellanos Fernando III y Alfonso X, como Jaime I.

> **«Imperatoriam maiestatem non solum armis decoratam, sed etiam legibus oportet esse armatam, ut utrumque tempus et bellorum et pacis recte possit gubernari» Proemio de las Instituciones de Justiniano».**

Armas y Leyes ¿Cómo entendían en el siglo XIII el recurso del rey a las leyes—al derecho—? ¿Cómo las producirá? Alternativamente ¿Cómo las obtendrá?

En la mentalidad del siglo XIII el derecho está, existe; no se crea. La idea de creación tendía a restringirse y es poco frecuente verla lejos de la referencia directa a Dios. La idea de esta preexistencia del derecho es antigua; entre nosotros la verbalizó Isidoro de Sevilla, aunque luego le hayamos atribuido el mérito principal al escasamente original Montesquieu.

El derecho no se crea: se averigua, elucida y verbaliza con palabras ciertas. Es la operación que encaja con la idea de *iuris dictio*, concepto principal para entender la época[7]. Esta verbalización puede realizarse en juicio (in iudicando) o mediante norma general (edicto: in edendo). De las dos alternativas, a estos reyes gobernantes novatos, salientes de la reconquista, les resulta más eficaz y sencillo el camino judicial. En los siglos XIII y todavía XIV las dos vías coexisten; en el siglo XV se camina hacia una especialización que llega a la actualidad. Sistemas como el inglés y derivados dan preferencia a la vía judicial (En el caso de X contra Z...). En España, Francia, Portugal, Alemania se impuso la preferencia por la verbalización en normas generales hipotéticas y abstractas. No obstante las diferencias entre las dos vías son menores de lo que podemos pensar en una primera impresión: de las decisiones judiciales tienden a extraerse principios jurisprudenciales que condicionan resoluciones futuras. Por su parte, las leyes, normas abstractas de carácter general, necesitan concreción judicial para ajustarse a un caso concreto. Recorrido semejante (de lo particular a lo general) pero en direcciones inversas.

Una norma general de tipo ley vincula a la totalidad de los súbditos, cuyo cumplimiento hay que estar en condiciones de verificar e imponer. La vía judicial es directamente obligatoria solamente para un muy reducido grupo de jueces además organizados en una estructura jerarquizada con mecanismos de revisión como los recursos de apelación y otros. El rey gobernante que opta por la vía judicial solamente precisa un libro de juicios para jueces que recoja los criterios que obliga a aplicar a esos que actúan en su nombre; tiene mecanismos sencillos y eficaces para revisar decisiones y garantizar que sus instrucciones se aplican efectivamente. Recordemos que la gran obra goda del siglo VII es el libro de juicios o libro para jueces (Liber iudicum, liber iudiciorum). El rey benefactor del siglo XIII se ofrece a ordenar la convivencia con mecanismos de expresión judicial del derecho, acreditados como eficaces.

La irrupción de este nuevo rey gobernante es traumática. Es posible que haya tenido una representación de vacío: no hay leyes ni sistema organizado de jueces y sentencias. Esa representación, que me parece probable, estaba equivocada y pronto lo comprobaría. Es cierto que no había derecho o había poco derecho si lo entendiésemos como normas del rey, pero la activación de esta competencia legislativa-judicial de los reyes hacer aflorar una realidad

---

[7] El primer desarrollo sistemático en tiempo actual corresponde a Pietro Costa.– *Iurisdictio: semantica del potere politico nella pubblicistica medievale, 1100-1433* .– Milano: Giuffrè, 1969.
Para una comprensión profunda de las formas de crear o declarar derecho en la cultura medieval, es inexcusable la consulta de: Jesús Vallejo.– *Ruda equidad, ley consumada.*– Madrid: Centro de Estudios Políticos y Constitucionales. 1992

subyacente bien distinta: unos criterios de derecho no formalizados pero existentes y reconocidos.

La imagen de vacío, de espacio político gubernativo vacante desde el remoto siglo VII era por tanto irreal. El espacio de gobierno pretendido ahora por el rey estaba ocupado; densamente ocupado. En los contextos señoriales o dominicales bastaba la autoridad de este dominus pater-familias para administrar recursos y ordenar convivencia. En las relaciones más complejas desarrolladas en una emergente economía de mercado, un protocapitalismo, se regulaban con los usos de la plaza, los fueros: criterios aplicados y respetados sin necesidad de la intervención del rey.

Cuando en torno a 1240 se atisba el propósito del rey de organizar las sociedades que gobierna mediante sus propios instrumentos normativos, hay una reacción defensiva que lleva a editar, a hacer públicas las reglas que se vienen aplicando. Se reúnen en volúmenes únicos que suelen exhibirse en lugar público. Es el caso del códice que llamamos Libro de la Cadena de Jaca, del Padrón de Fueros turolense y tantos otros de contenido y propósito semejantes. Su contenido no tiene nombre, no responde a ninguna de las categorías normativas consolidadas (nótese: el libro de la cadena). En la segunda mitad del siglo XIII esas colecciones de contenido heterogéneo comienzan a asociarse con la palabra privilegio. Unas pocas páginas de las colecciones contienen normas formalmente otorgadas por el rey (privilegios en sentido estricto) pero creo que bajo este nombre se engloban «posiciones» que puede pensarse que han sido autorizadas no formalmente por el rey mediante mecanismos como el consentimiento tácito: los reyes han conocido estas reglas, estos criterios (han tenido que conocerlos) y no se han pronunciado en contra. De ahí deducen que con su silencio los han validado.

Cuando se produce el encontronazo entre esas normas existentes y las creadas de nuevo por el rey, y validadas expresamente (como en la Corte de Huesca de 1247), hay un movimiento generalizado para conseguir la validación formal de todas esas posiciones, de todos esos privilegios.

El derecho del rey, en su formato judicial o legislativo, tenía que enfrentase y desplazar a esas soluciones no-del-rey. Por su parte, esas reglas no formalizadas aspiran a recibir una confirmación expresa que mejore sus posibilidades de supervivencia ante el avance seguro de las procedentes del rey.

Este nuevo rey gobernante que ha optado por dar preferencia a la vía judicial necesita un libro que recoja los criterios que ordenan sean aplicados por los jueces que actúan en su nombre, con delegación de su jurisdicción.

El rey trata de reunir en un esfuerzo los criterios que deberán ser aplicados por sus tribunales. Desde 1247 se acumulan los intentos. Creo que el tema solamente se cierra con Jaime II en torno a 1305. No tiene sentido entrar aquí en un análisis de las distintas propuestas intermedias. Me limito a dar una versión simplificada que se aparta bastante de las explicaciones dominantes. La cuestión de fondo es qué hace el rey con lo existente y cómo organiza su intervención en un estado de cosas ajeno pero bastante estable.

La primera intervención se produce en 1247. El rey toma conocimiento formal del estado de cosas, las reglas de procedencia incierta que se entienden de aplicación en territorios o grupos sociales concretos; aunque se asume que los reyes anteriores las han conocido y tolerado (prestando algo parecido a consentimiento tácito) se espera y obtiene un pronunciamiento expreso de Jaime I que corrige, extiende, matiza o, rara vez, reprueba lo que se le presenta. Este tipo de actuación es común en la época y también está documentado por ejemplo en Navarra. En la reunión se debieron suceder intervenciones orales en que presentaban los privilegios de ciudades, territorios,grupos sociales... Son intervenciones particulares. Se realizan en presencia de los notables reunidos en la corte, pero el pronunciamiento formal es exclusivo del rey. El resultado no tiene estructura sistemática. No hay razón para pensar que el obispo de Huesca Vidal de Canellas haya tenido una intervención destacable.

Los notables del reino deben quedar tranquilos por la moderación de la intervención del rey (que en términos generales parece confirmar el estatus al que están acostumbrados) pero el rey decepcionado: la tensión entre lo existente y las novedades derivadas de su intervención se había decantado claramente en favor de lo primero. Y del monte bramante salió un ratón. En ese momento de decepción el rey encarga a su jurista y consultor de confianza, Vidal de Canellas, que redacte un libro que exprese con nitidez la intervención novadora del rey. Don Vidal cumple el encargo brillantemente y le presenta un libro extenso, en latín, organizado en nueve libros, al modo de las versiones medievales del Codex de Justiniano del que adopta su estructura. Don Vidal distribuye los criterios validados en 1247 y algunas otras normas claramente autorizadas por reyes anteriores en este esquema del derecho común romano canónico que se cultiva en las universidades que tan bien conoce. El libro es aprobado por el rey como expresión de su voluntad fijando los criterios que deben aplicar los que juzgan en su nombre. El libro es rechazado fulminantemente. Su gran calidad técnica no compensa la torpeza política del texto y, sobre todo, de la evidencia del modelo monárquico imperial en que se sustenta.

El rechazo abre un periodo de transición en que destaca una obra apócrifa que denominamos 'Vidal Mayor', aunque con seguridad ni es de su autoría ni hay otro texto 'menor' correlativo, una especie de versión reducida de la obra principal. Se conserva y conoce bien, entre otras cosas no tanto por su contenido sino porque sus características codicológicas la hacen extraordinariamente atractiva. En torno a 1280, alguien destinó muchos recursos para elaborar un libro que pareciese el aprobado por Jaime I pero limando sus principales aristas políticas; entre otra cosas vertiéndolo a romance. Creo que no se aprobó formalmente (aunque alguien quiso hacer creer otra cosa); pese a ello es sin duda la obra de referencia de todo lo que viene después.

Otro texto de transición de los mismos años es la versión de Fueros de Aragón que Antonio Gargallo descubrió en el armario que oficiaba como archivo del municipio turolense de Miravete de la Sierra. Nos referimos ella con un nombre que fuera de los círculos de especialistas induce a error (al decir 'Fueros de Miravete', inducimos a pensar que estamos ante una norma municipal). Creo que es una versión elaborada para uso del Zalmedina de Zaragoza, juez principal del reino inmediatamente por debajo del mismo rey y, en su caso, del Justicia Mayor. Es una intervención con resultados muy parecidos a los que producirá la intervención definitiva de Jaime II.

Solo con este rey tenemos noticias seguras que acreditan inequívocamente su intervención en un Libro de Fueros aceptado. Jaime II, con el decisivo protagonismo de su Justicia Mayor Jimeno Pérez de Salanova supera la confrontación, fijando un equilibrio entre lo existente, lo convalidado de formas distintas y lo innovado ya claramente con intervención de Cortes desde 1301. La marca más visible de esta intervención definitiva es que los originarios nueve libros de la estructura fijada por don Vidal (mantenida en todos los textos sistemáticos del siglo XIII) se han comprimido en ocho para hacer un hueco que posibilite la adición de un nuevo libro que recoja lo que vaya aprobando Jaime II en Cortes y que formará un libro noveno. De esta manera se restituye la estructura en nueve libros que los juristas de la época consideran modelo de referencia. Esta compresión ha sido causante de muchas interpretaciones erróneas porque se partía de que en Cortes de Huesca de 1247 se había aprobado un cuerpo normativo estructurado y en esos ocho libros. Intentando combinar este dato erróneo con la estructura conocida de la obra de don Vidal se dieron explicaciones extraordinariamente complicadas e insólitas. En mi opinión la secuencia queda más simple si afirmamos que no hubo compilación menor de don Vidal ni éste escribió una versión romance de su original latino. Ni siquiera hubiese tenido tiempo teniendo en cuenta que muere en 1252. Es poco probable que en Huesca en 1247 se aprobase un 'proyecto' estructurado de libro de fueros, modelo que no encaja en la práctica legislativa de la época (ni de épocas muy muy posteriores). En ningún caso ese pretendido proyecto tuvo ocho libros ni, por tanto sería esa la estructura de lo aprobado. En modo alguno debe entenderse esta interpretación revisada de los textos entre 1247 y 1305 como argumento que reduzca la influencia de don Vidal en todo el desarrollo posterior del sistema aragonés de fueros y observancias. Fracasó como libro del rey pero es la obra de referencia, la que aporta la red de conceptos fundamentales que sustentan el desarrollo de los fueros en los siglos posteriores.

VII. Desde ese inicio, Aragón tuvo una regulación avanzada y detallada de la actuación de los jueces

En lo que ahora nos interesa, el libro de Fueros aprobado por el rey Jaime I sobre propuesta del don Vidal proporciona la urdimbre de los conceptos procesales y de jurisdicción mediante juicios. Es la estructura en la que encaja la interdicción del tormento y la tortura que es nuestro objeto principal de atención.

La peripecia del derecho aragonés después de las derogaciones parciales de 1707-1711 nos han dado como resultado una imagen distorsionada. Lo que llamamos derecho civil (derecho privado) sobrevive sustancialmente a las derogaciones y luego encuentra acomodo en la refacción de la legislación civil durante la codificación y, recientemente, con el desarrollo de las competencias de las comunidades autónomas. La parte política (protoconstitucional) desaparece como norma pero se transforma en referencias literarias más o menos mitificadas. El bloque procesal sobrevive razonablemente a las derogaciones de Felipe V[8], pero es arrasado en las reformas procesales del años 1835 y

[8] Me he ocupado varias veces del impacto de los llamados Decretos de Nueva Planta sobre la regulación procesal. Por ejemplo: «Procedimientos para el ejercicio gubernativo y contencioso de la jurisdicción de la Real Audiencia de Aragón en el siglo XVIII» en *Anuario de historia del derecho español*, (1990), págs. 509-550

siguientes[9]. El rey en la mitad del siglo XIII entra en un terreno ocupado. Con unas normas no-del-rey que resuelven muchas de las cuestiones que se plantean a unas sociedades con economías y relaciones interpersonales que se van haciendo gradualmente más complejas. Sin necesidad de rey, tienen criterios para resolver conflictos alrededor de contratación y del comercio en general; pero también relaciones vecinales, uso de bienes comunes, espacios compartidos, servidumbres. Daños en general. Relaciones familiares que tienen una dimensión de organización de propiedades y recursos de entidad... Disciplina y medidas para el mantenimiento del orden.

Hay una capa de regulaciones de la organización de la defensa y acciones armadas. El desarrollo de esas herramientas de fuerza exige también una ordenación de los conflictos armados internos.

En suma, hay un fondo regulatorio mixto, con criterios mantenidos al margen de la autoridad del rey y otras reglas propias de un rey que es jefe militar conjunto que organiza la aportación de recursos en las campañas pero dedica también un esfuerzo destacable para evitar la sangría de recursos que suponen los conflictos interseñoriales: constituciones de paz y tregua o fórmulas semejantes. Por supuesto ese fondo incluye destacados los privilegios en sentido estricto, que contienen concesiones expresas y formalizadas del rey para establecer un régimen propio apartado del derivado del uso.

Entre todas estas reglas cuya fuerza vinculante es heterogénea cubren la mayor parte del contenido de un libro que aspire a ser general en el sentido de prever criterios para resolver conflictos en la mayor parte de las situaciones.

---

[9] El derecho procesal del siglo XVIII es conocido por la imagen bastante distorsionada que da LA RIPA en su obras sobre procesos forales. Bastante más útil y ajustada a la realidad es la obra de Francisco Carrasco Breve notizia de los juicios privilegiados... Bastante difundida; podemos decir que se publicó, pero mediante copias manuscritas. Debieron circular bastantes, incluso en el siglo XIX. En mi opinión la más próxima al original (si acaso no lo es) se encuentra en el Archivo Municipal de Zaragoza. Tuve en mi mano el documento del AMZ de la obra de Carrasco, pero he sido incapaz de encontrarlo con los catálogos electrónicos. No es raro; solamente el fondo histórico de las Cortes de Aragón tiene tres copias y cada una de ellas se describe y data de manera distinta.
La obra de Carrasco es un texto de edición sencilla que inexplicablemente no hemos abordado. Entiendo que la complejidad de los procesos forales de los siglo XV a XVIII resulta disuasoria pero afortunadamente tenemos sendas abiertas por el Dr. Bellido —tal vez por montañero— en varias aportaciones de dificultad y mérito. Entre todas destaco: Daniel Bellido Diego-Madrazo «El proceso privilegiado de aprehensión instrumento foral de defensa de derechos posesorios y patrimoniales en los tribunales regios aragoneses (siglos XIV-XVIII)» en *La diadema del Rey. Vizcaya, Navarra, Aragón y Cerdeña en la Monarquía de España (siglos XVI-XVIII)*/ coord. por Jon Arrieta Alberdi , Xavier Gil, Jesús Morales Arrizabalaga , 2017, págs. 567-619.
La Ripa tiene el mérito de publicar impresa su obra y dar difusión al régimen procesal foral, pero complica su inteligencia con adornos eruditos que sientan mal a la nítida estructura de los procesos en Aragón.

Hay una colección general existente sobre la cual el rey debe ahora pronunciarse pero que, en términos generales, no necesita regular ex novo.

Sólo quedan, en mi opinión, dos grandes cuestiones que sí exigen reglas nuevas. En primer lugar la propia institución del rey, su actividad y la de las instituciones que le auxilian en el ejercicio de sus funciones en expansión. En ese momento la casa del rey que gradualmente se irá sustituyendo por órganos especializados en los distintos ámbitos de actuación: judicial, legislativo, consultivo, gobierno económico... El desarrollo de estas estructuras institucionales ya modernas deberá esperar en general al siglo XIV.

Una segunda cuestión, ésta urgente, es la relacionada con la jurisdicción en sentido amplio. La percepción social que tienen los poderosos es que son competencias propias, con lo cual el conflicto es frontal. Esta disputa jurisdiccional es profunda, constante y duradera: llegará hasta el mismo siglo XIX.

Mi impresión es que en este momento el rey juez actúa evitando la confrontación directa y adopta una estrategia de persuasión ofreciendo las ventajas de su modelo sobre el estado de cosas. Ofrece una estructura para la resolución judicial de los conflictos con varias características que debieran resultar decisivas. La más importante: los jueces que actúan en nombre del rey están obligados a aplicar unos criterios recogidos en el libro de juicios, que se hacen públicos. Los súbditos que acuden a esta red real pueden comparar el criterio aplicado con lo prevenido en el libro y solicitar, mediante recurso de apelación, la revisión de la decisión del juez delegado.

Esta es la capa superficial, la que incluye el rey en los decretos mediante los cuales aprueba el libro de criterios, el libro de fueros. Entrando en detalle vemos que ofrece un modelo de ejercicio reglado de la actividad jurisdiccional frente a la discrecionalidad de los sistemas dominicales o vecinales.

Hay una regulación casi exhaustiva no sólo de los criterios que deben aplicar los jueces sino de la forma en que desarrollan su actividad. Para esta materia el referente romano es poco útil porque el modelo procesal romano[10], elaboradísimo, tiene un diseño institucional que se había desmoronado con el imperio romano de occidente. De hecho son

[10] José Luis MURGA GENER.- *Derecho romano clásico.II. El proceso*. Zaragoza: Secretariado de publicaciones de la Universidad de Zaragoza, 1980

contenidos que se pierden en la transición de las colecciones originales a las versiones medievales: los tres libros que se pierden prevén precisamente una estructura romana que hace siglos no existe.

¿Cómo afronta un rey de la mitad del siglo XIII esta necesidad de regulación? Las emergentes Facultades de leyes no dedican mucha atención a estos temas: se concentran en rúbricas como la De pactis. ¿Entonces? La iglesia cristiana romana se ha convertido desde el siglo XI en una organización compleja y regulada con un detalle proporcionado a esta complejidad: a su catolicidad. Es una institución jerarquizada —de hecho es la monarquía más nítida— que ha propiciado el desarrollo de una canonística, con autores destacados como el propio Raimundo de Peñafort. Nuestro Vidal de Canellas está en contacto personal y parece que amistoso y frecuente con Raimundo de Peñafort, el más grande canonista del siglo XIII. Si la regulación aragonesa de las cuestiones procesales es muy extensa y del mejor nivel, la hipótesis más sencilla —y según Ockham la más probable— es asociarla con la intervención fundacional del obispo de Huesca.

No conservamos la obra original de don Vidal pero creo que fuera de las cuestiones más evidentemente políticas, la refacción que llamamos Vidal Mayor debe ser fiel al original. Mi impresión es que esa intervención limó los aspectos superficiales más sencillos pero no tenía necesidad ni capacidad para entrar en el fondo de la mayor parte del libro. Si se acepta mi hipótesis podemos leer el Vidal Mayor como versión en general confiable de la obra original y lo que encontramos es sorprendente. Simplemente a peso, midiendo la extensión de las regulaciones que parecen nuevas (y no proceden de la validación de normas o criterios anteriores), la obra es fundamentalmente un tratado de procedimiento, llamativa por su detalle y por la modernidad de sus reglas.

No arriesgo mucho si sostengo que en ella la regulación de la actividad judicial es prioritaria y que juicios y procedimientos tienen un desarrollo que será la característica dominante del sistema aragonés de fueros y observancias.

Volvemos aquí a encontrarnos una consecuencia de las distorsiones historiográficas a las que he hecho referencia. Hay situaciones brillantes que ofuscan una práctica judicial cotidiana en mi opinión de mayor relevancia. En la edad de oro de la doctrina foral moderna (desde la Primera república en adelante) el cuerpo principal del refinado derecho procedimental aragonés se ha extinguido. La atención se concentra en la codificación civil y ahí se dirigen los esfuerzos del Congreso de jurisconsultos y los que pasaron por esa brillante reunión de sabios pero prácticos. Desde ese momento el derecho aragonés, que comienza a ser foral, es sobre todo civil.

De lo demás apenas unos rescoldos mitificados sobre las libertades de la parte judicial y por supuesto el Justicia Mayor (en la interpretación dominante desde el siglo XVI). De los procedimientos apenas el de Manifestación de personas en manos privadas o públicas; es revelador que las otras formas de manifestación (de escrituras...) languidecen y el importante remedio procesal de la Manifestación se reduce a una versión temprana del habeas corpus. No es poca cosa, pero la información que se sacrifica, que se olvida, es notabilísima. La digitalización de archivos (DARA y similares) nos permite una aproximación aunque sea superficial a la realidad de los procedimientos en Aragón, a la relevancia de remedios como la Aprehensión. ¡Y qué decir de la Firma de Derecho! La atracción de los temas relevantes para la codificación civil lleva a segundo plano obras de procesalistas tenidos por autoridad en los siglos XVI y XVII en Europea, o tratados integrales como el de Calixto Ramírez *De Lege Regia*. una versión equilibrada de temas que podemos denominar de derecho público. En mi opinión la obra doctrinal aragonesa de mayor reconocimiento y prestigio entre la élite europea; sin embargo las tesis más repetidas salen de la mano poco rigurosa de Blancas.

VII. En busca de la verdad: la regulación de la apreciación judicial de los medios de prueba

La atención por los temas de procedimiento es marca de la práctica jurídica o foral aragonesa. Ese es el contexto en que debemos situar la interdicción del tormento y de la tortura. En un contexto de regulación detallada de la prueba en los procedimientos, con expresiones tan importantes y reconfortantes como las que rodean a la rúbrica De fide instrumentorum. Del crédito que debe darse a las pruebas documentales. Fides: concepto central en el modelo medieval a rey. La confianza. Una red de fidelidades cruzadas que son la estructura sobre la que se sostiene el sistema. Más confianza que fuerza.

Los sabios que redactan las reglas procesales del siglo XIII temprano desconfían de la fuerza, de la resistencia al sufrimiento como criterio de veracidad, de confianza. Se ha suprimido la ordalía de hierro caliente (sostener un hierro a temperatura extrema) medir la recuperación de las heridas y comprobar si hay una mejoría inexplicable si no media la intervención divina. La resistencia al sufrimiento y la verdad se separan.

«Torquemus hominem, extorquemus veritatem»[11]

La interdicción del tormento tiene en la doctrina general un sesgo de humanitarismo, pero en mi lectura de la regulación aragonesa prevalece la vinculación con la cuestión filosófica (filosófico teológica) de la verdad. A ese nivel de abstracción estaban en el siglo XIV los que renacentistas e ilustrados despreciaron como ignorantes; como habitantes de la oscuridad cognitiva, en espera de la luz que traían los ilustrados, tan narcisistas.

El tormento no es útil. Una declaración obtenida por reacción al sufrimiento no es medio de prueba confiable.

Hay otra línea de análisis que podríamos desarrollar. Para describir la actitud del rey en relación con los privilegios he utilizado deliberadamente la palabra 'renuncia'. Creo que ni el Privilegio General ni la Declaración son una regla 'arrancada' al rey, ni tampoco, en sentido estricto, una decisión unilateral suya ni concesión. El rey decide gobernar con moderación. Basa esta decisión en su convicción de que la sabiduría mejora las condiciones de ejercicio de la autoridad del rey y facilita su supervivencia personal e institucional. Es una interpretación que seguramente tengo contaminada por la lectura de la obra de Calixto Ramírez que, en el siglo XVII, busca y encuentra un punto de equilibrio entre el respeto al núcleo irrenunciable de la autoridad del rey y su práctica ordinaria limitada. Para fundamentar las características de la acción del rey no necesito una explicación pactista, una imposición, de la que personalmente tengo muchas reservas.

Estas renuncias inciden en la actividad consolidada de los poderosos que declaran sus privilegios. Como he comentado, la sociedad bajo medieval tiene ya un nivel de conflictos suficientemente complejos para requerir una intervención de terceros. Los 'domini' los resolvían con sus decisiones en una actuación que tiene una estructura muy semejante a la de los jueces del rey. Creo que dentro de las renuncias del rey a realizar un despliegue completo de la autoridad que la doctrina le reconoce, hay un eje que tiene como propósito evitar el enfrentamiento todavía más grave que se derivaría del desmantelamiento completo de lo que podemos denominar actividad jurisdiccional de los poderosos.

---

[11] Johan KAHL (alias: Calvino), *Lexicon Juridicum*, voz Torquere. No ha sabido seguir la pista del brocardo.

La renuncia que hemos tratado se expresa con cuatro palabras: tormento, tortura, inquisición, pesquisa. No son sinónimos; creo que podemos agruparlos en pares: tormento y tortura están próximos. Inquisición y pesquisa también. Pero entre ambas parejas hay diferencias. Tormento y tortura se enmarcan en los criterios de admisión y valoración de prueba testifical. Inquisición y pesquisa configuran una intervención procesal que podemos calificar como de bajo nivel por parte del rey y sus jueces. Inquisición supone lo que hoy denominaríamos actuación de oficio; en el fondo este tipo de intervención requiere que se consideran valores jurídicamente protegibles atribuidos al rey, como garante del sistema. Se renuncia a este modelo creo que porque entendían que sólo son protegibles judicialmente intereses que pertenezcan a un sujeto particular, único legitimado para instar su protección. La intervención de oficio supone la existencia de intereses que podríamos denominar institucionales.

Espero haber contribuido a recordar cuestiones memorables de la práctica judicial bajomedieval. Al paso he querido señalar posibles o necesarias líneas de reflexión que ayudarían a ajustar nuestra representación de los fundamentos del sistema aragonés de fueros y observancias para mejorar su conocimiento en los grandes circuitos al menos europeos de las ciencias históricas y jurídicas que tienden a tratarnos como variante de las grandes experiencias jurídicas. Más dialecto que lengua.

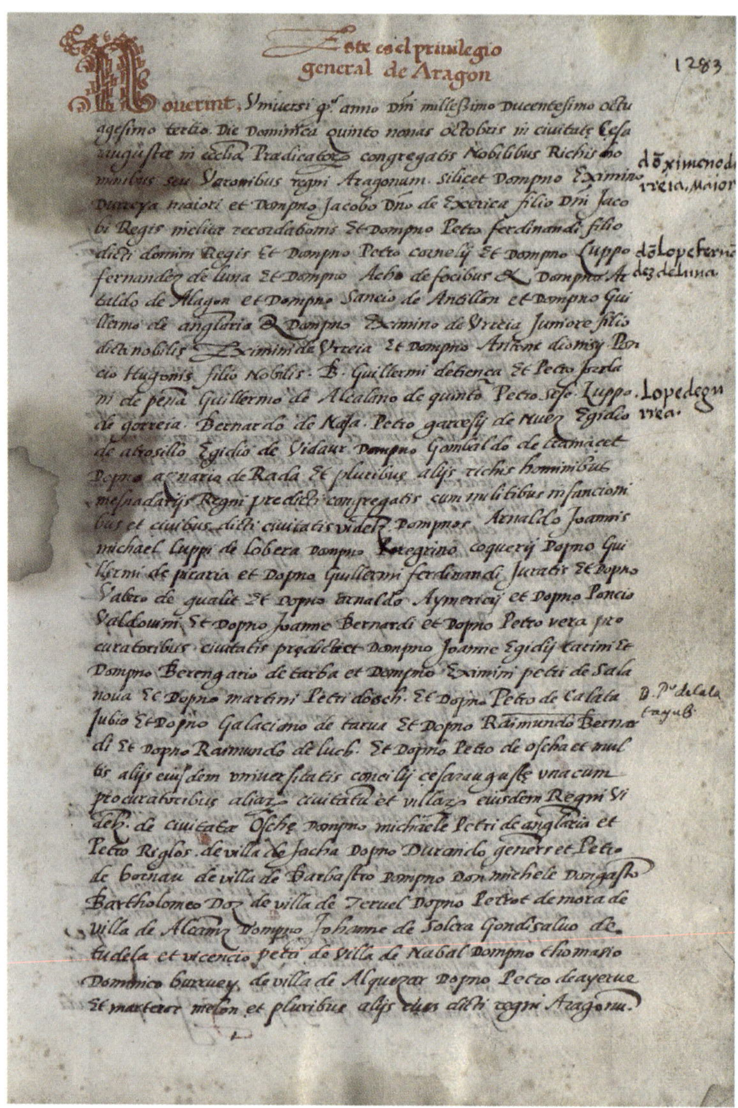

Este es el privilegio
general de Aragon

1283

Inicio de una de las copias del Privilegio General. Pueden leerse, con relativa facilidad, alguno de los nombres de los congregados.

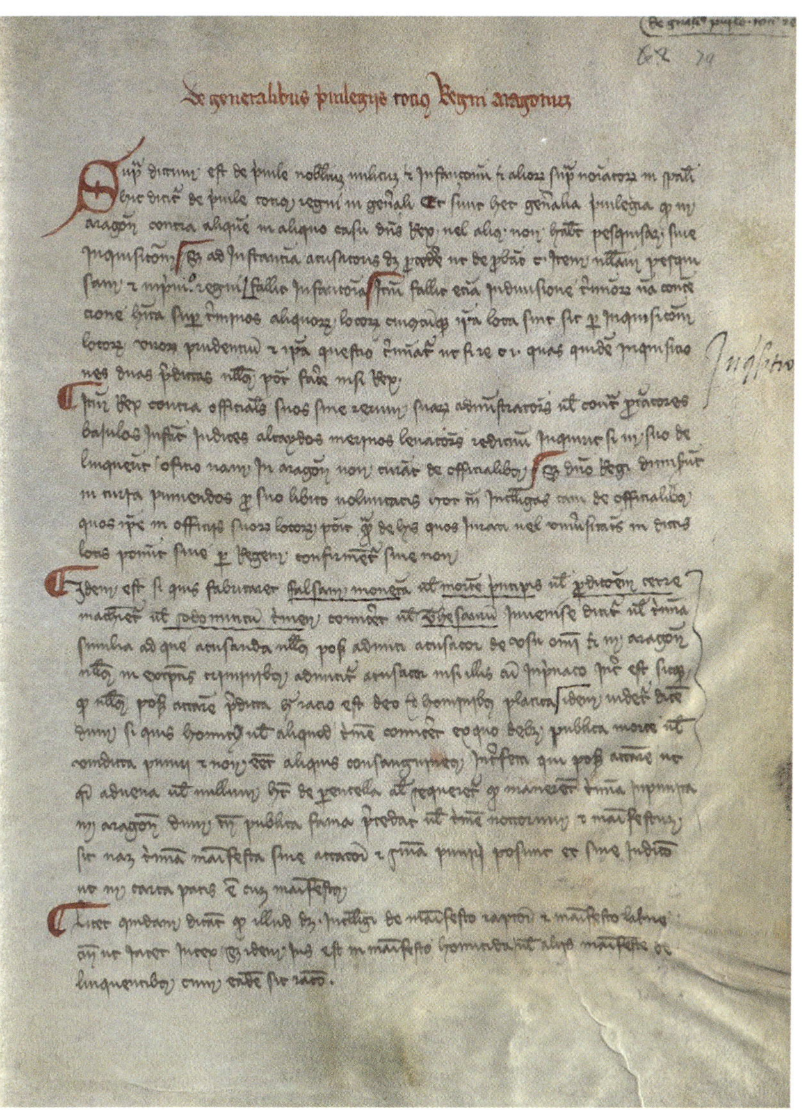

Otra copia distinta de la anterior del Privilegio General. En las líneas 3 y 4 puede leerse la mención a “pesquisas” e “inquisición”.

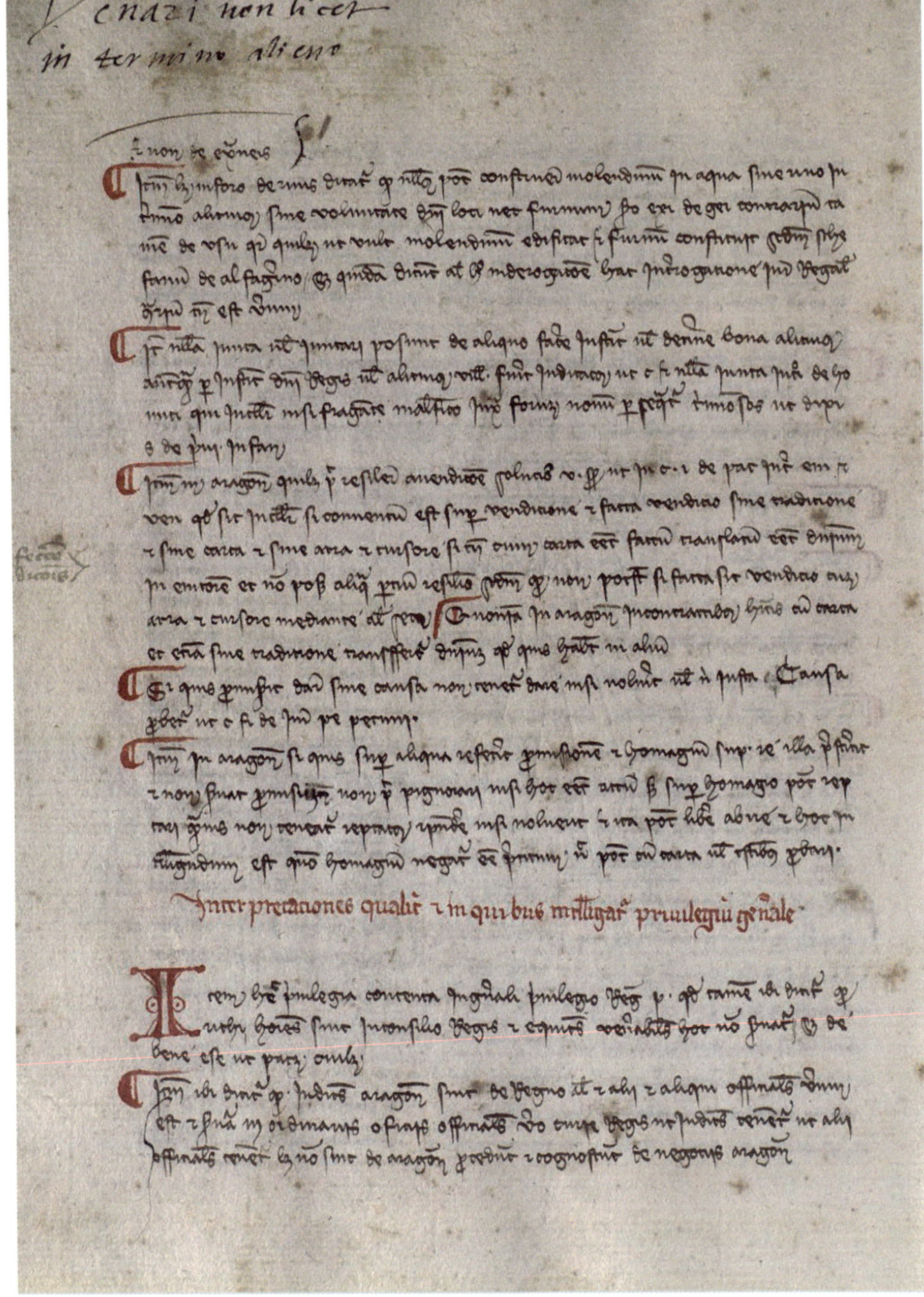

Esta imagen corresponde a una formulación primitiva de las que se conocerán como Observancias; como tarde, primera mitad del siglo XIV. No es la «Declaración...» que estudiamos. Cuando el Privilegio adquiera naturaleza de «Fuero» se le aplicarán las reglas de interpretación que corresponden a ese tipo normativo.

El rey gobernante, diestro con las armas pero tambien con las leyes.
Imagen de «On the Laws and Customs of England» atribuido a Henry Bracton. s. XIII

Banco del retablo de San Jorge procedente de la antigua capilla de los Jurados de la Cárcel de Manifestados de Zaragoza. Obra de Jerónimo Cósida. Museo de Zaragoza (Descripción a partir de Guillermo Fatás; Guillermo Redondo.– Blasón de Aragón..., p.81).

Imagen poco conocida del rey Jaime I, representando la reunión de Corte de los aragoneses en Huesca 1247. Comienza con la constitución real de promulgación «Nos Jacobus» Está inserta en el interior de un volumen titulado «Obseruancie fororum Aragonum» pero que recoge materiales como estos Fueros, que no son Observancias. La copia es de gran riqueza codicológica. Manuscrito de 1919 de la Biblioteca Nacional de Madrid. Sin foliar. Página 4 (63) del segundo fragmento (2/4) de la copia digital.

– 4 –

Libertades o garantías de los aragoneses: Proceso judicial acusatorio y prohibición de la tortura a partir de la Declaración del Privilegio General

Daniel Bellido Diego-Madrazo

Resumen. La Declaración del Privilegio General, promulgada en las Cortes de Zaragoza de 1325 por Jaime II el Justo, elevó el Privilegio General (otorgado en 1283) a la categoría de Fuero, consolidando un núcleo constitucional en Aragón que limitaba el poder real y reconocía derechos a los regnícola. Este cuerpo normativo consagró importantes garantías judiciales, siendo crucial la oposición al proceso judicial de pesquisa o inquisitorio. El Fuero estableció un modelo procesal acusatorio, donde la acción debía partir del perjudicado o interesado principal (el "apellido"), impidiendo que los jueces actuaran de oficio.

La prohibición de la tortura o tormento judicial para obtener la "verdad" del acusado es una de las garantías más destacadas, constituyendo una excepción en el panorama europeo de la época. Si bien la tortura era un medio probatorio ordinario en el *Ius Commune* y aplicada en otros reinos hispánicos, Aragón la prohibió, considerando su aplicación como un "contrafuero". La única excepción admitida fue en el crimen de falsificación de moneda, y solo contra extranjeros, vagabundos sin bienes o personas de vil condición o mala fama. Esta prohibición se mantuvo hasta 1707 con los Decretos de Nueva Planta.

Abstract. The Declaration of the General Privilege, enacted during the Courts of Zaragoza in 1325 by King James II the Just, elevated the General Privilege (granted in 1283) to the status of *Fuero*, establishing a constitutional core in Aragon that limited royal power and recognized rights for the inhabitants[1]. This legal framework enshrined key judicial guarantees, with a central element being the opposition to the judicial process of *pesquisa* or inquisitorial procedure. The *Fuero* instituted an accusatory procedural model, requiring the action to be initiated by the aggrieved or main interested party (the "apellido"), thus preventing judges from acting *ex officio*.

The prohibition of judicial torture or torment to extract the accused's "truth" is one of the most significant guarantees, standing as a notable exception in 14th-century Europe. While torture was a standard means of proof in *Ius Commune* and utilized in other Hispanic kingdoms, Aragon banned it, deeming its use a "contrafuero" (a breach of the agreed-upon law). The sole exception was for the crime of counterfeiting currency, and even then, only against foreigners, vagrants without property, or individuals of vile condition or ill repute. This prohibition remained in force until 1707 with the Nueva Planta Decrees.

Se cumplen ahora setecientos años de la Declaración del Privilegio General[1], en Cortes de Zaragoza (1325) siendo rey Jaime II el Justo, momento en que el Privilegio, que se obtuvo por la nobleza en 1283 de Pedro III, se convierte en Fuero y desde entonces fue una norma general para el reino y pasó a formar parte del núcleo constitucional del reino de Aragón, en tanto que condicionaba una serie de poderes del rey y reconocía unos derechos tanto al reino como a los regnícolas, sean nobles o simples gentes de ciudad, villas o lugares.

El Privilegio General consagra algunos principios esenciales como serán: una concepción moderada del poder real y, en segundo término, algunas e importantes garantías judiciales[2]. De lo anterior se derivarán derechos y garantías, no solo estamentales sino también individuales[3] que resultaron auténticas excepciones en el panorama europeo de su época, el principio del siglo XIV. Deben destacarse, por lo que atañe a este trabajo colectivo, las garantías de naturaleza judicial: 1) oposición/ negación del proceso judicial de pesquisa o inquisitorio[4]; 2) determinación de un proceso ordinario, evitando procesos sumarios; 3) prohibición de la tortura o tormento judicial para obtener la "verdad" del acusado, 4) la firma de derecho o "iurisfirma" y que se verá reforzado más adelante por el privilegio de "manifestación" de personas y sus procesos ante el Justicia de Aragón y su tribunal. El Privilegio General es "arrancado" al rey Pedro III en 1283 y en el mismo, tras confirmar el monarca que observará y respetará los usos costumbre y fueros, la primera norma del mismo es la prohibición, bajo nulidad, del procedimiento judicial inquisitivo:

> **«Item, que inquisicion no sia feyta contra ninguno nunca en ningún caso: é si feyta es la inquisicón, é no es judgada, que no sia dado judicio por ella, ni vaya á acabamiento: é si dada es sentencia, que no venga á execucion.»[5]**

---

[1] Sobre la naturaleza jurídica del Privilegio General de Aragón (Pedro III, 1283), no tanto como privilegio (menos aún de fuero inicialmente) sino capitulación del rey ante la nobleza y las ciudades del reino, en necesario citar un singular y sugerente libro de MORALES ARRIZABALAGA, Jesús, *Pacto, Fuero y Libertades. El estilo de gobierno del reino de Aragón, su mitificción y uso en narraciones constitucionales*, Zaragoza, 2016, en especial pp. 53-58, y cómo se precisó la declaración de 1325 (Jaime II) y la confirmación de esta en 1348 (Pedro IV), para hacer del Privilegio General un fuero, ahora sí, pactado, lo que termina convirtiéndolo en una norma fundacional para Aragón.

[2] LALINDE ABADÍA, Jesús: "Las libertades de Aragón", en Cuadernos *de Historia Jerónimo Zurita,* nº 25-26, Zaragoza, 1972-73, pp.7-36, en especial, pp. 11 y 26-28.

[3] LALINDE ABADÍA, Jesús: "Los derechos en el «Privilegio General» de Aragón" en *Anuario de Historia del Derecho Español,* Tomo L, Madrid, 1980, pp. 55-68.

[4] GÓMEZ DE VALENZUELA, Manuel: "El principio de «prohibita inquisitione» en el derecho histórico aragonés y su evolución de los siglos XIV a XVII", ponencia en *Colloque Résister à la justice, dans l'Europe médiévale et moderne,* Burdeos, diciembre de 2011.

[5] Vid. SAVALL y DRONDA, Pascual y PENÉN Y DEVESA, Santiago, *Fueros, Observancias y Actos de Corte del Reino de Aragón,* Zaragoza 1866. He utilizado la edición facsimilar, con traducciones e índices añadidos, preparada por el Prof. Jesús Delgado Echeverría, Ibercaja, Zaragoza 1991, 3 vols., vol. I, pág. 12, col. a.

La prohibición de la tortura en el proceso judicial deriva del modelo procesal, que se fija en Fueros de Aragón, concretamente sobre las pruebas admisibles[6] en juicio, en el Fuero *1º De Testibus,*y sobre la abolición de las ordalías[7] como prueba judicial, en el Fuero único *De candentis ferro iudicio abolendo*(ambos de Jaime I, Cortes de Huesca, 1247), se confirma en el Fuero 1º *De prohibita inquisitione* (Jaime I, Cortes de Ejea, 1265), y se introduce en el *Privilegium Generale Aragonum* (Pedro III, Cortes de Zaragoza, 1283) y se hace norma general en la *Declaratio Privilegii generalis* (Jaime II, Cortes de Zaragoza 1325). Si en los tres primeros textos citados se están prohibiendo formas o estilos de un proceso inquisitorio, de pesquisa forzada, en la Declaración del Privilegio General, una norma para todo Aragón, queda clara la consecuencia:

> **«Item, que turment, ni inquisicion, no sian en Aragon, como sian contra Fuero, el qual dize que alguna pesquisa no havemos: et contra el Privilegio general, el qual vieda, que inquisicion no sia feyta...»**[8]

La tortura era un medio probatorio judicial ordinario, tanto en la Baja Edad Media, como en toda la Edad Moderna y en la práctica totalidad de Europa, con excepción principal de Inglaterra. Así pues la tortura judicial estaba perfectamente prevista dentro del proceso y reglamentada incluso en la forma en que debía ser aplicada. Era un medio probatorio más en normas de Derecho Común (Ius Commune), tanto romano-civil como canónico, estudiado y tratado por muchos autores entre los siglos XII y XVIII[9].

En el caso de los reinos y territorios hispánicos[10] la tortura estuvo

---

[6] Este fuero niega la pesquisa, que justificaría la forma inquisitiva de proceder, como prueba judicial en todos los juicios con carácter general y afirma las pruebas ordinarias: testigos, juramentos y batalla (judicial) si es franco

[7] Este fuero parece estar influenciado por la prohibición de las ordalías con Inocencio III en el canón 18 del IV Concilio de Letrán (1215), que se confirmó por Gregorio IX en las Decretales (1234) :*"En honor de aquel que dijo: «No tentarás al Señor tu Dios» abolimos por completo en todos los casos y en cualquiera el juicio del hierro candente así como el del agua hirviendo y semejantes: de manera que de ahora en adelante en ningún lugar sometido a nuestra jurisdicción o parte alguna incluida en los confines de nuestra tierra, se juzguen, impongan, ejerzan tales juicios, ni se sufran con libre voluntad"*. Traducción del citado fuero, en Tomo III, pág. 117 col.b, de la edición con traducciones e índices (Zaragoza 1991), de la op. cit. SAVALL Y PENÉN, *Fueros, Observancias...;*

[8] Ibidem, vol. I, pág. 20, col.a,

[9] Sigue siendo imprescindible la consulta de la obra ya clásica de FIORELLI, Piero: *La tortura giudiziaria nel diritto comune*, 2 vols., Varese, 1953-54, en la reimpresión, en un único volumen, hecha por Giuffrè, Milán, 2023, en concreto sobre los tratadistas italianos, pp. 143-179 y sobre los extranjeros (españoles incluidos) pp. 179-191, de la edición reimpresa utilizada.

[10] MARTÍNEZ DÍEZ, G., "La tortura judicial en la legislación histórica española", en *Anuario de Historia del Derecho Español (A.H.D.E.),* XXXII, Madrid, 1962,pp. 223-300, en especial en pp. 249-291.

presente en las normas de Castilla desde las Partidas de Alfonso X, al ser estas un textoculto y romanizante. También lo estuvo en los territorios vascongados y en Navarra, con sus peculiaridades. Dentro de la Corona de Aragón los reinos y territorios más receptores del Ius Commune (Cataluña, Mallorca y Valencia[11]) aceptaron y aplicaron la tortura judicial con limitaciones. Sólo Aragón prohibió el tormento o tortura judicial para indagar o hacer pesquisa judicial a los acusados y no fue sólo una prohibición sino que en la propia Declaración del Privilegio general se dice que aplicar tormento es ir contra el Privilegio General y, por tanto, una suerte de "contrafuero"[12], una ruptura de un norma acordada o pactada y, por eso mismo, de general observancia en todo el reino. La prohibición y la idea de "contrafuero" en aplicar la tortura, como prueba judicial,se mantuvo, a pesar de los intentos de Fernando II y de Felipe II de introducirla, hasta el final de ordenamiento público propio en 1707, con los Decretos de Nueva Planta de Felipe V.Es importante y muy significativo que cuando los Fueros de Aragón optaron normativamente por un modelo de proceso judicial acusatorio, estaban obligando a que un interesado directo hubiera de pedir el "apellido", es decir, tenía que denunciar o demandar la intervención del juez competente para reclamar justicia por el delito sufrido o por las consecuencias lesivas para él. Sin ofendido, lesionado o perjudicado que acusara, los jueces de Aragón de la segunda mitad del siglo XIII en adelante no podían actuar de "oficio". Alguien legitimado tenía que acusar y presentar pruebas o indicios del delito que denunciaba o por el que acusaba: el juez no podía actuar por impulso propio. No obstante, por estar también previsto en el Privilegio General, las ciudades y villas podían aprobar estatutos especiales[13] para luchar contra situaciones de banderías y desórdenes que alterasen seriamente la convivencia pacífica, en los que se permitía que el inicio de proceso partiera de un procurador del concejo, sin aguardar al "apellido" del perjudicado o sus

---

[11] TOMAS Y VALIENTE, Francisco, "Teoría y práctica de la tortura judicial en las obras de Lorenzo Matheu y Sanz (1618-1680)", , en *A.H.D.E*, XLI, Madrid, 1971, pp. 430-485, en especial pp.475-485. El artículo estudia además usos en la práctica en los tribunales de Valencia a mediados del siglo XVII, en el que la aplicación de la tortura, si no es intensa, está normalizada y justificada por este gran jurista y juez, Matheu y Sanz.

[12] CHARAGEAT, Martine, «La torture dans le royaume d'Aragón en droit et en justice (XIVe-XVe s.)», en Clío &Crimen, vol. 15, 2018, pp. 29-42, en especial pp. 30-31.

[13] Estos estatutos de desaforamiento han sido publicados y estudiados por Manuel GÓMEZ DE VALENZUELA en diversos trabajos: "El estatuto de desaforamiento criminal de Valderrobres (1641)", en *Ius fugit: Revista interdisciplinar de estudios histórico-jurídicos*, n º 2, Zaragoza, 1993, págs. 165-180; "Tres estatutos criminales y desaforados del Concejo de Zaragoza", en *Revista de historia Jerónimo Zurita*, nº 74, Zaragoza, 1999, págs. 51-82 y "El estatuto de desaforamiento y unión de la ciudad de Jaca (1572-1573)", en *Ius fugit: Revista interdisciplinar de estudios histórico-jurídicos*, nº 10-11, Zaragoza, 2001-2003, págs. 1133-1154, entre otros.

familiares. Estos estatutos ocasionales provocaron que se dictará en 1442 el Fuero *3º De prohibita inquisitione* (Reina María, Cortes de Zaragoza) para reforzar o recordar la prohibición de las pesquisas frente a esas prácticas que modificaban un tanto la acusación de parte, para hacer algo más posible una persecución del delito rápida y directa, pero no se permitió la tortura para indagarlo.

Debe recordarse que la figura del procurador "astricto", precedente de la figura del fiscal, como acusador público, no se instauraría en Aragón hasta comienzos del siglo XVI[14], y que en el modelo procesal aragonés el legitimado principal era siempre el particular agraviado, no el rey o la ciudad. La existencia de un posible acusador publicó no logró cambiar el principio acusatorio dentro del proceso judicial penal aragonés, que siguió rechazando la "pesquisa" o, dicho de otro modo, el proceso inquisitivo, y también algo consecuente al mismo: el tormento en el proceso, como pusieron de manifiesto ya Jerónimo Portolés[15] en 1592 y Pedro Calixto Ramirez en 1616.

El comentarista Portolés, al glosar la voz "tortura" en sus escolios, deja clara la diferencia entre el tratamiento de prohibición que daban los Fueros y el de ordinaria aceptación por el Derecho, al referirse al *Ius Commune,* con cita de importantes autores :

> **«Sin embargo, en derecho es distinto; pues conforme al derecho, la tortura tiene lugar, y el acusado puede ser sometido a tormento; como lo explican Francisco Casoni en su tratado De tormentis, al principio; y Brunus en su tratado De indicis et tortura; y Mascardi en el libro 3, conclusión 1385, bajo la voz 'tortura',...»**[16]

Los grandes autores aragoneses de finales del siglo XVI y comienzos del siglo XVII, como José Sessé e Ibando de Bardaxí dan cuenta reiterada de que la tortura no puede ser empleada para indagar la verdad por el juez:

---

[14] Fueros *De Procuratoribus astrictis,* Fernando II, Cortes de Monzón 1510, en la edición facsimil citada del SAVALL y PENÉN, *Fueros, Observancias...,* vol. I, pp.305-309. Sobre la figura del procurador astricto, como acusador público, se debe consultar el libro de RAPÚN GIMENO, Natividad: *El procurador astricto. Precedentes del ministerio fiscal en el ordenamiento foral aragonés,* Institución Fernándo el Católico, Zaragoza, 2014, en especial sobre el principio acusatorio en el proceso penal aragonés, pp. 17-23.

[15] PORTOLÉS, Jerónimo, *Quarta pars Scholia sive adnotationes ad repertorium Michaelis Molini, super Foris et Observantiis Regni Aragonum,* Zaragoza, 1592, voz "Tortura", pp. 452-453 (traducción del autor). He consultado la versión digital de ese libro en BIVIDA (Biblioteca Virtual de Derecho Aragonés) esfuerzo encomiable y esencial para conservar y poner a disposición de los investigadores y de todo el público interesado el inmenso acervo jurídico aragonés.

[16] PORTOLÉS, J. *Quarta pars Scholia sive adnotationes ad repertorium...,* pág. 452 (traducción del autor). Tras los tratadistas de franceses e italianos, cita también a continuación a varios importantes juristas castellanos como Pedro Dueñas, Diego de Covarrubias y Juan Gutiérrez

«Lo que según algunos se cree introducido en esta provincia, a saber, que por sus fueros ha sido suprimida la tortura, § item que torment, título Declaración del Privilegio General, y que si no se admitieran los indicios, los delitos quedarían impunes, según la ley Ita vulneratus del Digesto, título Ad legem Aquiliam. No obstante que Antonio Gómez sostuvo lo contrario en los términos de nuestro Reino, en el tomo 3 de sus Varias Decisiones, capítulo 12, al final, su doctrina en esto ha sido rechazada en Aragón por jueces antiguos y modernos, como lo tengo observado de mi padre amantísimo, quien mientras estuvo vivo, juzgó causas civiles y criminales en esta Real Audiencia durante más de treinta años...»[17]

«Otro privilegio es dado a los aragoneses, para que no se indague la verdad mediante tortura: pues los aragoneses no pueden ser torturados, ni tampoco el extranjero, así que los privilegios en Aragón se consideran concedidos al territorio... Finalmente, como no hay inquisición, tampoco la tortura tiene lugar en Aragón...»[18]

Así pues la tortura judicial viene anillada o unida de forma casi inseparable a un modelo judicial, en que la acción ha de partir del perjudicado o interesado principal que debe acusar. Es cierto que los nuevos fueros, sobre todo a partir de 1592, ampliaron para algunos delitos la legitimación del Astricto, pero el proceso penal siempre siguió siendo de base acusatoria, sin dar pasos a una suerte de acción publica o popular, como explica Gil-Custodio de Lissa[19], en los primerísimos años del siglo XVIII, antes del desastre de la Guerra de Sucesión y los Decretos de Nueva Planta.

Esta postura frente a la tortura judicial se reitera de forma constante, incluso a comienzos del siglo XVIII por Diego Franco de Villalba[20], y haciendo referencia siempre a la prohibición de forma judicial inquisitiva y a la pesquisa judicial, para lo que emplea las siguiente rotundas palabras:

---

[17] *SESSÉ, José de, Decisionum Sacri Senatus Regii Regni Aragonum, et curiae domini Iustitiae Aragonum, causarum civilium et criminalium: Tomus primus, Zaragoza, 1611, Decis. 111,* nº 6-9, pág. 731 (traducción del autor)

[18] BARDAXI, Ibando de, *Commentarii in quatuor aragonensium fororum libros,* Zaraoza, 1592, pág. 28 vto.,núm. 11 (traducción del autor). He empleado la versión digital de BIVIDA.

[19] LISSA Y GUEVARA, Gil-Custodio, *Tyrocinium Jurisprudentiae forensis, seu Animadversiones theorico-practicae juxta foros aragonum in IV. Libros Institutionum Iuris Imperatoris Justiniani,* Zaragoza, 1703, pars secunda, cap. De Publicis Iudiciis, pp. 150-152.

[20] FRANCO DE VILLALBA, Diego, *Fororum ac Observantiarum Regni Aragonum Codex sive enodata methodica compilatio iure civili et canonico fulcita, legibus castellae conciliata, atque omnigena eruditiones contexta,* Zaragoza, 1727, pág. 36 (traducción del autor). He usado la versión digital de la BREICAZ, ejemplar nº 4731, A01-09-025.

«La tortura en Aragón es rechazada absolutamente, al igual que la inquisición o la pesquisa, salvo en el caso del delito de falsificación de moneda; y aun en este, no se permite en modo alguno respecto de los hijos de los ricoshombres, mesnaderos, caballeros, infanzones, ciudadanos y buenos hombre de la villas del reino, incluso si fueran vagabundos, y únicamente se proceda contra vagabundos simples y extranjeros. Y así fue declarado y aprobado el Privilegio General de Aragón en los demás capítulos»

A partir de la Declaración del Privilegio General en 1325 se desarrollaron y completaron dos mecanismos procesales garantistas dentro del sistema judicial aragonés: de un lado, las firmas de derecho o "iurisfirmas"[21] y de otro, décadas después, la manifestación de personas, con las casas y después cárcel de manifestados.

Aunque la prohibición de la tortura judicial era muy amplia y la posible aplicación del tormento fue claramente restrictiva, hubo de partida una excepción muy detallada en la Declaración del Privilegio General: se trataba del delito de falsificación de moneda. Suponía que en los casos de "monederos falsos" era posible aplicar la tortura para indagar la verdad de quien o quienes eran los autores materiales de "labrar" esas monedas falsas o quienes las distribuían o ponían en circulación. Como se verá más adelante se trataba del único delito con posible tormento judicial y no se extendía ni siquiera en casos de crímenes de "lesa majestad".

Por ello, revisar casos judiciales sobre falsificación de moneda puede arrojar alguna luz sobre si la tortura era aplicada realmente en Aragón, como prueba judicial, incluso después de los fueros en Cortes de Tarazona[22] de 1592, forzados por Felipe II, tras las alteraciones de reino y la decapitación del Justicia de Aragón, Juan de Lanuza el Mozo (20-12-1591), que ampliaron la posibilidad de intervención del Astricto.

Hay un precedente judicial conocido bastante próximo a la concesión forzada del Privilegio General (1283) en la que Jaime I en 1267 condena a muerte a varias personas implicadas en una red de falsificadores de moneda castellana y aragonesa, entre los que estaba Pedro Pérez de Tarazona, señor del castillo de Trasmoz e hijo de quien

---

[21] BELLIDO DIEGO-MADRAZO, Daniel, "Firmas de derecho ante la Corte del Justicia de Aragón (s. XVII-XVIII)", en *Cuarto Encuentro de estudios sobre El Justicia de Aragón,* Zaragoza, 2003, pp. 97-132.

[22] Especialmente en refererencia al Fuero *De la vía privilegiada,* SAVALL y PENÉN, op.& ed. cit., vol .I, pp. 427 a-429 a, donde refuerza la legitimación del procurador astricto y limita la vía privilegiada, sobre todo la manifestación de personas, para que por esta vía los encausados por delitos graves pudieran escapar de la acción de la justicia real.

había sido Justicia de Aragón. En este caso un miembro de la trama o red denunció al resto de sus socios en el delito de falsificar y distribuir moneda. De este caso dan noticias los cronistas Zurita y Blancas y aporta algunos detalles más Tourtoulon[23], tanto de la condición principal de los implicados en la falsificación de moneda, como del método de ejecución y otros detalles judiciales, pero no hay referencia ninguna a que se les aplicase tortura.

No hubo una pena única[24] para el delito de falsificación de moneda. En algunos casos se pudo aplicar la pena de muerte y la confiscación de bienes, pero dada las diversas formas de poder participar en el delito, cómplices y distribuidores de piezas falsificadas, también se aplicaron otras como el destierro o la prisión. Debe tenerse en cuenta además que en algunos casos intervenían eclesiásticos, que no podían ser castigados directamente por los tribunales del rey y quedaban en manos de la autoridad eclesiástica.

Como se ha dicho la prohibición aragonesa de tortura, como prueba en juicio, tuvo la excepción del delito de falsificación de moneda, pero esta excepción estaba también restringida por la propia Declaración del Privilegio General:

> «...que turment no aya lugar en algun caso, sino tan solament en crimen de falsa moneda, y en aqueste tan solament contra personas estranyas del Reyno de Aragon ó vagabundos del Regno, que algunos bienes en el regno no hayan, ó en hombre de vil condición, de vida ó de fama y no en otros algunos...»

La realidad judicial de los siglos XV a XVII no nos ha proporcionado, a través de los documentos conservados, noticias claras sobre sanciones o penas impuestas a jueces por aplicar indebidamente la tortura, pero sí hay ejemplos contrastados de señores de vasallos, que torturaron,

---

[23] TOURTOULON, Charles de, *Don Jaime I el Conquistador, rey de Aragón, conde de Barcelona, señor de Montpeller. según las crónicas y documentos inéditos,* 2 vol. Valencia 1874, vol II, pp.248-249. He usado la versión digital de la Biblioteca Valenciana: el caso se localiza entre las áreas de Tarazona y Sangüesa y hay implicadas personas importantes, como el señor de Trasmoz, Pedro Pérez, o su hermano Blaco Pérez, canónigo-sacristán de la diócesis de Tarazona, y de otro lado Pedro Jordán, señor de Santa Olalla y su esposa Elfa. Hubo confiscación de bienes y señoríos, al huir alguno de la justicia y otros capturados fueron ejecutados *more maiorum* metiéndolos en un saco y arrojándolos al río Ebro. El eclesiástico fue entregado a su obispo y sufrió prisión hasta su muerte. En el Archivo ce la Corona de Aragón se conserva la sentenicia en contumacia (ausencia) de Pedro Pérez de Tarazona.

[24] Hubo casos de pena de muerte por ahorcamiento y confiscación de bienes, como el del bilbilitano Juan de la Peña (ca. 1602), expediente criminal del Consejo de Aragon, conservado en el Archivo de la Corona de Aragón, mencionado por ESTRADA RIUS, Albert, "La falsificación de moneda en la Corona de Aragón", *Gaceta Numismática,* núm. 184 (2012), pp. 3–14. Otros casos se castigarán con destierro o prisión, como se verá más adelante, al examinar algunos incidentes procesales sobre la aplicación de la tortura dentro de causas criminales por falsificación y/o distribución de moneda falsa.

contraviniendo el fuero, y resultaron criminalmente castigados con penas de destierro por varios años[25].

Así pues sólo sería posible el tormento en juicio para los "monederos falsos" que sean extranjeros o bien sean vagabundos o sin arraigo en Aragón (sin bienes) o de mala vida y fama. Al plantear la norma foral estos condicionantes, cualquier juez que entendiera de un caso de falsificación de moneda extremaría el cuidado de no indagar con tormento ese caso de falsificación de moneda, sin estar seguro de que el acusado/apellidado cumplía claramente alguna de las condiciones que podían hacerle torturable, pues de otro modo el que cometería un delito sería el propio juez, ya que estaría causando heridas y lesiones indebidas al acusado y él mismo sería un oficial delincuente.

Para no incurrir en este riesgo, dentro de la causa criminal por falsificación de moneda, se abría un incidente sobre la tortura[26], en el que, de forma contradictoria, el acusador y la defensa presentaban sus argumentos para que se aplicase o no la tortura a los acusados. Este incidente no se planteaba en el inicio de la causa, ya que en las alegaciones sobre el incidente se citan con detalle las contestaciones de muchos testigos y las declaraciones de los propios acusados. El abrir un incidente procesal, tras haber recibido el testimonio de no pocos testigos, significa que no se procedía inicialmente contra el acusado con tormento ordenado por juez, aunque fuese extranjero, y que abrir un incidente contradictorio era una garantía más para el acusado, que podía presentar sus argumentos con abogado frente a la posibilidad de ser atormentado para indagar la verdad sobre las circunstancias y partícipes en la falsificación.

Un caso interesante es la petición de tortura que hace por el Astricto el abogado Jerónimo Carrillo[27] en 1641 contra César Negrón. El acusado fue detenido en delito flagrante, es decir, de forma inmediata a la comi-

---

[25] Se trata del caso criminal de los diputados del reino de Aragón contra Miguel Lizana, señor del lugar de Santa Justa, que en agosto de 1577 fue sentenciado por el tribunal del Justicia de Aragón a dos años de destierro por aplicar tortura a unos vasallos, como detalla PORTOLÉS, J., *Quarta pars Scholia sive adnotationes...*, pág. 452.

[26] Se conservan algunas alegaciones en derecho impresas sobre estos incidentes de la tortura en causas de "monederos falsos", tanto en la Biblioteca de Real e Ilustre Colegio de Abogados de Zaragoza (BREICAZ), como en el Patrimonio Bibliográfico de la Fundación Ibercaja. Mi sincero agradecimiento a ambas instituciones por las facilidades para consultar sus fondos y obtener copias de los mismos

[27] Jerónimo Carrillo y Zapata fue abogado y catedrático de Decreto de la Facultad de Cánones de la Universidad de Zaragoza en 1639, ciudadano de Zaragoza y Diputado del Reino por el brazo de los caballeros y alcanzó la magistratura en 1645, según refiere LATASSA en su celebérrima *Biblioteca*. Se trata de la alegación conservada en la BREICAZ, *"In processu fragantiae don Cesar Negron. Por el Astricto. Sobre el incidente de la tortura"*, ejemplar nº 2424, A16-01-024, pp. 16, y fechada el 28 de enero de 1641.

sión. El acusado no era quien había labrado las monedas falsas, sino que era el expendedor y quien se encargaba de pasarlas al mercado. La condición de delito flagrante permitía, en principio, la actuación directa del Astricto de Zagoza y la detención del acusado. Además de lo anterior César Negrón era genovés, no aragonés,y por tanto cumplía el primer condicionante que debía concurrir en un falsificador de moneda o cómplice de ello para poder ser sometido a pesquisa mediante tormento: ser extranjero.

La defensa del genovés niega la legitimación del Astricto, puesto que el fuero filipino de 1592, en el que se fundaría tal legitimación, habla expresamente de "falseadores de moneda"[28], pero su defendido no labró, fabricó o alteró la ley o peso de las monedas, sino que se limitó a pasar o distribuir las monedas, que no es lo mismo, ni en el fuero se dice nada sobre los expendedores. Este argumento de falta de legitimación no es baladí, a la vista de los prolijos razonamientos presentados por el acusador para rebatirlos. Para el Astricto dentro de los "falseadores de moneda" están y cometen el delito cuatro tipos o partícipes: los que fabrican, los que adulteran, los que disminuyen su peso y los que distribuyen el producto, que considera que deben tener un mismo trato y pena. Es notorio para el Astricto que el fabricante de las monedas fue un tal Juan Mazas, pero también que el expendedor era el genovés César Negrón.

El segundo argumento del defensor del genovés era los insuficientes o inadecuados indicios inculpatorios de César Negrón, pues podía haber pasado algunas monedas sin saber, a ciencia cierta, que eran monedas falsas. El letrado del Astricto revisa con mucho detalle la prueba testifical para demostrar que el tal Negrón era auxiliador o cómplice del fabricante de las monedas, Juan Mazas, y era perfecto conocedor de la falsificación.

El tercer argumento de la defensa era la condición de nobleza, al ser caballero, de César Negrón, lo que impediría, desde su criterio, aplicar la tortura en la pesquisa judicial, de acuerdo con lo previsto en la Declaración del Privilegio General. La acusación del Astricto se opuso con intensidad, analizando con cuidado el texto normativo para dejar claro que la excepción de arraigo y nobleza está prevista para los regnícolas y los hijos de nobles. Así concluye el abogado del Astricto:

---

[28] Fuero *De la vía privilegiada* (Felipe II, Cortes de Tarazona), SAVALL y PENÉN, op.& ed. cit., vol I, pp. 427-429, cuando dice: "...porque los delictos graves, y enormes arriba especificados, por defecto de acusador no queden impunidos, Su Magestad de voluntad de la Corte estatuye, y ordena, que en los delictos sobredichos, y qualesquiere dellos, sea parte legitima el Procurador Astricto, y esté obligado so pena de Oficial delinquente, á apellidar, acusar, y proseguir las causas contra los delinquentes...", pág. 428 b.

> «Y assi el fuero debe entenderse en el crimen de falsa moneda aya tormento en los estrangeros del reyno, o si fueren del reyno, en los vagabundos, o de vil condicion, o de fama, o de vida: pero en estos si no fueren hijos de ricos hombres, etc. Luego entiendese que en los estrangeros con esto solo, aunque tengan las calidades que quisieren, procede en ellos el tormento, y por consiguiente contra don Cesar, por ser estrangero, por aver cometido este delicto por estar suficientemente provado conforme a la calidad del, ...»

Este caso terminó para César Negrón con una condena a diez años de destierro con advertencia de destierro perpetuo, si lo quebrantaba, tal y como consta por una nota manuscrita en la propia alegación.

Conocemos los argumentos empleados por el abogado[29] del Astricto, en este caso con multiples encausados, contra el fabricante de las monedas falsas, Juan Mazas, para el que se pidió también la pesquisa judicial por tormento y la pena de muerte. Dejaba claro el acusador, que tanto Mazas, como Negrón y un tal Baltasar Cáncer, también fabricante, eran amigos, es decir, trabajaban en conjunto. Mazas y Cáncer disponían de un huerta con vivienda, donde tenían el horno e instrumentos para fabricar las monedas. Después cambió Mazas de vivienda y siguió fabricando monedas falsas y fue allí arrestado en delito flagrante. En su detención se le ocuparon instrumentos para labrar y falsear las monedas, así como reales de a ocho falsos, como los ocupados a César Negrón.

La defensa de Mazas argumentó también dos extremos: que al haberse pedido por la acusación la pena de muerte, aplicar el tormento para indagar el delito, existiendo tantos testimonio y pruebas, era innecesario y en segundo lugar que era caballero, asimilado a infanzón, y que no le era aplicable la tortura por su condición personal según el Fuero. La alegación por el Astricto rebatió ambos argumentos, dada la gravedad del delito, la cantidad de monedas falsificadas y las varias personas implicadas en todo el proceso y, en cuanto a la condición noble, reiteró que al no ser aragonés su condición de caballero no operaba para librarle de la pesquisa por tormento y ello a pesar de solicitar la acusión la pena ordinaria, es decir, la de muerte. Consta en la alegación la siguiente nota manuscrita: "*fuit finita instantia ob praemorientiam accusati*" ("fue terminada la instancia por premoriencia del acusado").

Otro caso de interés sobre tipo procesal de incidente sobre la tortura,

---

[29] Se trata de la alegación del abogado Jerónimo Carrillo conservada en la BREICAZ, "*Allegatio iuris et facti. In processu fragantiae don Ioannis Mazas. Por el Astricto*", ejemplar nº 2425, A16-01-024, 16 pp. y fechada el 26 de junio de 1641.

nos lo presenta el abogado Jaime Aznárez[30] en otra alegación[31] de junio de 1644, y que es bastante distinto del anterior, en cuanto a la materialidad de la falsificación del delito, pero no, en cuanto a la condición de extranjeros de los dos acusados: Francisco Corberó y Agustín Texedor, ambos catalanes y, a estos efectos, no aragoneses, por lo que eran "torturables".

El primer argumento de defensa era negar la posibilidad de la tortura *in caput alienum*, ya que ni Corberó ni Texedor eran artífices de las monedas, ni se les ocuparon monedas falsas en la casa que había arrendado en Zaragoza, y para ello se citaba en la alegación un precedente de *In processu Pauli Espital* denegatorio por tortura ante la Corte del Justicia de Aragón en el caso *super manifestatione* de 1609, además de apoyarse en la doctrina muy elocuente de Pedro Calixto Ramírez:

> **«...tanto al proceder en las causas criminales, como al imponer penas y en ejecución de ellas, están singularmente previstas en los fueros y leyes de nuestro Reino, en que la mayor y suprema potestad del Rey de Aragón se ve restringida: como son aquellos dos singulares privilegios del reino; el uno referido al modo de proceder, o sea, que no haya tormento; el otro, a la pena, que no haya confiscación de bienes, sino en el crimen de lesa majestad, humana o divina, ni que trirremes o galeras puedan imponerse a otros que no sean ladrones...ni tampoco los extranjeros y foráneos, como falsamente sustuvo Antonio de Herrera, salvo en el caso de falsa moneda y en hombres de condición vil, pero ni siquiera estos podrán ser torturados en cabeza ajena." (in capite alieno)»**[32]

El segundo argumento que expone el defensor es que la prohibición de tortura en la Declaración del Privilegio General se concede al territorio[33] (todo Aragón), en consecuencia, la extranjería perdía importancia para el "monedero falso" y poder ser torturado para obtener o indagar la verdad, sino que el acusado debía ser de vil condición, lo que

---

[30] Jurisperito zaragozano, fue abogado de pobres de la Cárcel de Manifestados. También fue catedrático de Sexto en la Facultad de Cánones de la Univerisad de Zaragoza en 1639 y varios años más. Era familiar del Santo Oficio y fue diputado del Reino de Aragón en 1637, tal y como lo detalla CAMON, Inocencio, *Memorias Literarias de Zaragoza,* parte segunda, Zaragoza, 1768, pp.262-263.

[31] *"Por Francisco Corberó y Agustín Texedor. En el incidente de la tortura",* firmado por Jayme Aznarez, en fecha 22 de junio de 1644, ejemplar R.4791, del patrimonio bibliográfico de la Fundación Ibercaja, Fondo Moncayo, Z-IPL (Moncayo C. 1.199), 4 pp. Mi agradecimiento a la institución por poder acceder rápidamente a la documentación solicitada y a doña Blanca Chamorro por hacerlo posible de forma tan cómoda y amable.

[32] RAMIREZ, P.C., op cit, cap. 25, de los núms. 39 y 40, pp. 235-236 (traducción del autor).

[33] BARDAXÍ, I., op. cit., voz "Privilegium Generale Aragonúm", núm. 11, pág. 28 vto.

no concurría en el caso de sus defendidos, pues eran "prohombres" de sus lugares y personas honradas.

El tercer argumento de defensa es la insuficiencia de indicios, pues los útiles que se ocuparon en una casa arrendada podían ser del dueño de la misma y además los instrumentos o herramientas eran aptos para hacer otras, pues algunos eran propios del oficio del Corberó. Termina el defensor argumentando que, aunque pudieran tener alguna intención sobre falsear moneda nunca lo realizaron, por lo que solo podría hablarse de tentativa o conato, y la tortura solo se puede aplicar además a los que fabrican monedas falsas, y ellos no lo hicieron, por lo que no cabe en ningún caso la tortura y lo que correspondía era la absolución[34] de los acusados.

Por exceder la disponibilidad y extensión de este artículo no resulta posible la exposición de un caso importante, sobre falsificación de moneda, judicializado en 1657. La singularidad del mismo viene dada por la intervención principal entre los "monederos falsos" de un canónigo de la catedral de la Seo de Zaragoza y varios partícipes más, bien en la fábrica, bien en la colocación o distribución de la moneda falsa. Además la cantidad de piezas ocupadas en "doblones" fue muy importante.

La acusación fue ejercida por el abogado Fiscal y Patrimonial José Leyza[35] en nombre tanto del fiscal eclesiástico como del regio, también acusó el Astricto de Zaragoza. El cabildo catedralicio acusó en este caso, detuvo al acusado-canónigo y le puso en prisión en el palacio arzobispal, pues no iba a permitir "*que por un capitular se amancillasse el candor de su crédito, que tanto la ilustra sobre todas las Iglesias de España*". En las conclusiones de este escrito el letrado acusador cita la tortura, a la vista de la actuación de ocultación del canónigo acusado, aunque no se pide expresamente el tormento.

En otras ocasiones sobre falsificación de moneda con intervención de eclasiásticos, el obispo intentó inhibir al tribunal de la jurisdicción ordinaria para llevarlo a la propia. Un caso similar refiere Ramírez, que vivió personalmente, siendo Lugarteniente del Justicia de Aragón en

[34] En la alegación no hay noticia sobre el resultado del incidente sobre la tortura, pero dada la doctrina invocada y no existiendo ocupación de monedas falsificadas, sino sólo indicios, de querer o intentar falsificar monedas, era muy difícil que estos dos catalanes sufrieran tormento.

[35] Don José Leyza y Eraso fue un importante jurista aragonés, tanto en su práctica como abogado (desde 1639), como en su faceta docente (catedrático de Instituta y Vísperas de Leyes) y en su trayectoria pública como Asesor del Zalmedina, Lugarteniente del Justicia de Aragón, Abogado ordinario de la ciudad de Zaragoza, Asesor de la General Gobernación, y Abogdo Fiscal y Patrimonial de Aragón desde 1656 entre otros cargos, según detalla LATASSA en su celebrada *Biblioteca*.

1612, cuando se denegó la firma[36] solicitada por el Arzobispo de Zaragoza Tomas de Borja. Deja claro el tratadista que los eclesiásticos no pueden recibir tormento por el juez eclesiástico, porque el privilegio se concedió al territorio y, por tanto, alcanza a los clérigos de Aragón, que desde 1301 están en ámbito de aplicación de los Fueros.[37]

La defensa del canónigo Artigola estuvo encomendada al abogado Manuel Contamina, de cuya defensa se conservan dos alegaciones: la primera para pedir una fianza[38] o *cauleta*, al estar en prisión, y una segunda[39] para responder a los diversos indicios delictivos en los que está fundada la múltiple acusación, para este eclesiástico, que parecía estar en el comercio, es decir, que era negociante y regentaba una casa de banca, supuestamente como administrador de su madre y hermanos.

Hay una segunda forma de "tortura" vinculada con decisiones judiciales, una forma de tortura singularmente pasiva. El régimen carcelario[40] en estos siglos (XIV-XVII) no es en absoluto uniforme y el régimen de prisión de cualquier acusado dependía mucho de lo que tuviera disponible el tribunal actuante en cada localidad, con prohibición general de la prisión en castillos, fortalezas o "sitios escondidos", pues han de ser llevados a la cárcel[41] de la villa o lugar. Las normas forales a mediados del siglo XV manifiestan bastante atención a los detenidos o puestos en presidio. Las condiciones de la prisión podía ser relativamente benignas o incluso atroces y éstas ultimas no dejan de ser un forma de tormento, que podía ayudar a la confesión del acusado y en severa o atroz prisión.

---

[36] Se trata del proceso de Francisco Hernandez *super jurisfirma*, sentenciado el 31 de enero de 1612. Ramírez cita, como referencia, un precedente recogido por SESSÉ, José, *Inhibitionum et magistratus Iustitiae Aragonum tractatus*, Barcelona, 1618, cap. *I, § 2, núm. 68 in fine, pág. 52 a.*

[37] En aplicación del Fuero *De praelatis et religiosis personis ecclesiasticis, et hominibos suis, ut in Statutis et Foris comprehendatur, et possint se iuvare de eis, SAVALL y PENÉN, op. et ed. cit., pág.6 a-b.*

[38] Esta alegación de Manuel de Contamina es la *"In processu procuratoris Fiscalis ecclesiastici. Por el Doctor don Juan Domingo Artigola, canonigo de la santa iglesia metropolitana de la Seo de Çaragoça. En el indicente de la cavleta"*, 32 pp., en BREICAZ, ejemplar nº 2373, A16-01-023.

[39] La segunda alegación, también firmada por letrado Manuel de Contamina, *"In processu procuratoris fiscalis curiae ecclesiasticae. Por Por el Doctor don Juan Domingo Artigola, canonigo de la Santa Iglesia Metropolitana de la Seo de Zaragoza. Con los fiscales eclesiastico y regio."*, 84 pp., en BREICAZ, ejemplar nº 2374 y misma signatura que la anterior. Esta alegación reproduce de forma resumida la denuncia acusatoria contra el canónigo-negociante Artigola.

[40] GÓMEZ DE VALENZUELA, Manuel, *Cárceles, penas, verdugos y tormento en el derecho penal histórico aragonés*, Cuadernos de Aragón, 77, IFC, Zaragoza, 2019, en especial pp. 28 á 36.

[41] Asi se ordena en el Fuero 1º *De custodia reorum* (Juan rey de Navarra, Cortes de Alcañiz, 1436). Dentro de esa misma rúbrica el Fuero 3º regula qué tipo de grilletes, incluso el peso de éstos, que han de usarse para acusados de delitos con pena de muerte o sin ella, así como la aplicación del una cadena al cuelo y en los pies, pero que permita al reo movimientos y estar sentado o acostado

En el reinado del emperador Carlos se dicta y aprueba un fuero en Cortes de Zaragoza de 1535 en el que se exponían algunos abusos por parte de las principales autoridades aragonesas y de otros oficiales reales al recluir a presos o detenidos en cárceles privadas[42] y darles tormento o al ejecutar sentencias repentinas y sin cumplir con las formas debidas. En el texto se insistía de nuevo en excluir esos excesos, con referencia expresa al tormento o tortura:

> «Porende su Magestad de voluntad de la dicha Corte, y quatro braços de aquella, por conservación de los dichos Fueros, y libertades y devida observancia de aquellas, estatuece, y ordena que los dichos Lugarteniente general, Rigiente el oficio e la Governación, y todos los otros Oficiales Reales, sean tenido guardas, y observar inviolablemente los Fueros, y libertades del presente Reyno: y qu no puedan capcionar, ni mandar capcionar, persona alguna en el dicho Reyno, ni presa detener, sino en los casos y formas ya por Fuero statuydas, ni presas poner en la casa de la Aljaferia, ni otra fortaleza, fuerça, ni carcel privada: sino tan solamente en la carcel comun de la Ciudad, Villa, ó Lugar donde dicha capcion se hiziere: y no puedan dar, ni mandar dar especie alguna de tormento, ni executar sentencia alguna, sino dada en legitimo, y foral processo: y aquella tal no pueda ser executada, sino el los tiempos, forma y manera ya por Fuero statuyda...»

El precepto foral terminaba con la previsión de la privación del oficio, es decir, la pérdida del cargo, a quienes incumplan el precepto sobre encarcelar y atormentar al reo, sin seguir las normas señaladas en los fueros y previo proceso judicial debido.

Algún comentarista, como el gran Bardaxí, se detuvo en valorar estas situaciones carcelarias[43], como otra forma de tortura, que los fueros proscriben y condenan, lo que refuerza la aversión general aragonesa a la tortura en cualquiera de sus formas, incluso la que se pueda generar por un trato carcelario "indecente":

> «Tampoco han de ser admitidas en el Reino aquellas (prácticas) que supongan tortura, como es el encarcelamiento en calabozos y otros lugares tan incómodos e indecentes, pues la detención en ellos se vuelve tortura. Esto está prohibido por el fuero final sobre la custodia de los reos, y por el fuero de la prohibición de cárceles y por esta razón,

---

[42] En el comienzos del siglo XVI era frecuente en Zaragoza el uso de dependencias de la Aljafería como prisión. Baste recordar que la Cárcel de Manifestados no se construyó hasta 1556 y se reguló por un fuero de Felipe II en Cortes de Monzón de 1564. El régimen de la Cárcel de Manifestados era más benigno que el de otras prisiones, ya que su acceso era por el privilegio de manifestación, otra de las libertades aragonesas, y con el acceso a la misma se pretendía garantizar los derechos del "manifestado".

[43] BARDAXI, I, op. y ed. cit., pp.. 28 vto y 29,núm. 12 (traducción del autor).

> alguien que capturado se le detuvo en lugares que suponían tortura, fue manifestado y liberado de la cautiverio, como refiere Molino, en la voz 'tortura', versículo 3. En efecto, no debe colocarse al capturado en fortaleza ni en otros lugares que tengan sabor de tortura, sino en la cárcel común, como dicen los textos jurídicos citados, según expone Molinos en la voz 'no debe', y en la voz 'cárcel', versículo 'en la cárcel común'; pues al colocar al capturado en otro lugar, se dice que el captor comete el crimen de cárcel privada.»

Finalmente, pese a la norma foral de prohibición de la tortura para averiguar o indagar la verdad, las villas y ciudades acudían a estatutos propios, en situaciones de desórdenes o grave aumento de la inseguridad o delincuencia, para "desaforar" de localidad. Nuestro recordado Manuel Gómez de Valenzuela estudió y publicó varios de esos estatutos criminales[44] o desaforados como alguno de Zaragoza en el siglo XV, de Jaca en el último tercio del s. XVI, u otro en Valderrobres a mediados del s. XVII. Si algo hay común a este tipo de estatutos es la supresión o reducción muy notoria de las garantías procesales y, en ocasiones, podía preverse el uso de la tortura o tormento, ya que los jueces de esas ciudades o villas veían ampliadas sus posibilidades de avanzar más rápidamente en la persecución de esos delitos, que habían alterado la paz y el orden de la localidad. Esta podía ser una vía de extensión y aplicación mucho más general de la tortura en la actuación de los justicias locales, lo que terminaba planteando si en cuanto a la admisibilidad de la tortura esos estatutos eran válidos y, por tanto, se podía aplicar el tormento en el seno de la actuación del juez.

Esta situación fue estudiada concretamente por Juan Cristóbal Suelves en sus "Consiliorum Decisivorum"[45], con el planteamiento de varias cuestiones o dudas, tanto sobre la capacidad de las "universidades" (municipios) para incluir en esos estatutos el tormento o bien si podían aplicarlo en todo caso. Suelves distingue entre el tormento como pena, de la tortura como prueba para indagar la verdad. Es cierto que no se niega la capacidad de las villas y ciudades para establecer estatutos u ordenanzas en materia penal ("Universitates in Aragonia statuunt etiem in criminalibus", nº 12), pero a continuación afirma

---

[44] GÓMEZ DE VALENZUELA, Manuel: "El estatuto de desaforamiento criminal de Valderrobres (1641)", en *Ius fugit: Revista interdisciplinar de estudios histórico-jurídicos*, Nº 2, 1993, págs. 165-180; "Tres estatutos criminales y desaforados del Concejo de Zaragoza", *en Revista de historia Jerónimo Zurita*, Nº 74, 1999, págs. 51-82 y "El estatuto de desaforamiento y unión de la ciudad de Jaca (1572-1573)", en *Ius fugit: Revista interdisciplinar de estudios histórico-jurídicos,* Nº 10-11, 2001-2003, págs. 1133-1154.

[45] SUELVES, Juan Cristobal, *Consiliorum Decissivorum semicenturia secunda*, Zaragoza, 1646, Consilium 47, "De tortura in Aragonia non danda...", pp. 254-260. Se trata de un caso de hechicería o brujas y, a partir de ahí, se plantean múltiples cuestiones interesantes.

(traducción del autor): "*Es patente que la tortura fue instituida no para castigar, sino para indagar la verdad...Y en Aragón solo está prohibida la tortura que se hace para indagar la verdad...Porque es inquisición, prohibida por el fuero, por eso están juntas en el privilegio general*"[46].

En definitiva, tampoco por la vía de los estatutos de las villas y ciudades, normalmente sobre desaforamientos, se pudo introducir en la práctica judicial aragonesa la tortura como prueba para indagar u obtener la verdad de un acusado, como la totalidad de la doctrina jurídica aragonesa y las resoluciones y sentencias de la Corte del Justicia de Aragón pusieron de manifiesto hasta el final de su singularidad, en el comienzo del siglo XVIII. Sin duda una libertad para el territorio y sus gentes, sin prácticas excepciones, a pesar de que éstas fueron difíciles de probar, frente al criterio general de repulsa y prohibición de la tortura.

---

[46] *"Et patet, quia tortura inventa est non ad poenam, sed ad veritatem indagandam...Et in Aragonia sola tortura quae fit ad indagandam veritatem prohibetur...Quia est inquisitio, prohibita de foro, et in privilegio generali ideo iunguntur."* (de los núm. 13-15 del Consilium 47). Ibidem, pág. 258.

– 5 –

Niega que negarás, que en Aragón estás

Guillermo Fatás Cabeza

Niega que negarás, que en Aragón estás
Dicho común antiguo, revelador de la falta de temor a la tortura en juicio

Et ista est una de magnibus libertatibus Aragoniae
Miguel del Molino, 1513

Resumen. Se examina la temprana abolición de la tortura judicial en el Reino de Aragón el 10 de octubre de 1325, acontecimiento excepcional en la historia jurídica europea. El fuero promulgado por las Cortes de Zaragoza bajo el reinado de Jaime II prohibía el uso de la tortura en los procedimientos judiciales, salvo en los casos de falsificación de moneda cometida por extranjeros o vagabundos. Comparable al hábeas corpus inglés, pero posiblemente más eficaz debido al derecho de manifestación —la custodia del individuo por el Justicia de Aragón—, esta ley representó una afirmación pionera de la libertad individual y la racionalidad procesal. No obstante, las prácticas crueles persistieron en las jurisdicciones feudales laicas, protegidas por la *potestas absoluta*, que permitía a los señores abusar de sus vasallos. Es importante señalar que la prohibición se aplicaba territorialmente dentro del reino. Se contextualiza esta medida en la evolución de la tortura legal, desde sus orígenes grecorromanos e inquisitoriales hasta su eventual abolición global. Al integrar los principios humanísticos con un marco jurídico sólido, el modelo aragonés se convirtió en uno de los primeros ejemplos de comunidad política comprometida con la defensa de los derechos humanos.

Abstract. This paper examines the early abolition of judicial torture in the Kingdom of Aragon on 10 October 1325 —an exceptional event in European legal history. The *fuero* (law) enacted by the Cortes of Zaragoza under King James II prohibited the use of torture in judicial proceedings, except in cases of coin forgery committed by foreigners or vagrants. Comparable to the English *habeas corpus*, yet arguably more effective owing to the right of *manifestación* —a protective custody of individuals by the Justicia de Aragón—, this law represented a pioneering affirmation of individual liberty and procedural rationality. Nevertheless, cruel practices persisted within lay feudal jurisdictions, protected by the *potestas absoluta*, which allowed lords to abuse their vassals. It is important to note that the prohibition applied territorially within the kingdom. The analysis contextualise this measure within the evolution of legal torture — from its Greco-Roman and inquisitorial origins to its eventual global abolition. By integrating humanistic principles with a robust legal framework, the Aragonese model emerged as an early example of a political community committed to the defense of human rights.

SUMARIO I. Preliminar – Temprana prohibición del tormento judicial en Aragón (1325), alcances y excepciones. La *manifestación de personas*. **II. La tortura en el mundo** – Tardanza e ineficacia internacional en su abolición. Convenios de la ONU y otros tratados. **III. Orígenes** – Antecedentes medievales y clásicos de la tortura legal: la bula papal *Ad exstirpanda* y la Inquisición. Vives. Beccaria. Roma y Atenas. **IV. Las palabras** – Significado y evolución de "tormento" y "tortura". Etimología. Uso jurídico. **V. Consciencia** – Tratadistas aragoneses destacaron la singularidad del fuero de 1325 y el papel del Justicia como garante. **VI. Dudas** – Debate sobre el verdadero alcance de la prohibición. Las jurisdicciones señoriales laicas y el *ius male tractandi*. **VII. Un alegato en pro del ius maletractandi** – Una erudita defensa de la potestad absoluta de los señores de vasallos en el siglo XVII. **VIII. Final** – Carácter pionero de Aragón en la abolición de la tortura judicial.

I. Preliminar

En el reino de Aragón, por decisión de sus supremas autoridades (el rey y las Cortes), quedó prohibido el tormento judicial en 1325, con un carácter bastante general y de forma casi absoluta en lo concerniente a los jueces y tribunales de justicia[1].

Los términos obligaban también a los altos funcionarios regios y fueron comprendidos así por los expertos en derecho de entonces:

> **«Los officiales mayores, o menores, que mataran, extemaran (mutilaran) o açotaran, o lo haran[2] hazer sin processso o sentencia segun fuero dada, y al preso que recta via no llevaran a la carcel comun, o della sacaran para vexacion del preso, o se executaran provissiones sin ser despachadas y firmadas, pro ut supra, o sentencia criminal**

---

[1] Archivo de la Corona de Aragón (ACA), *Cancillería, reg. 227, ff. 250r-253v.* Las imágenes en https://pares.mcu.es/ParesBusquedas20/catalogo/description/ 1593693. La petición dice: *...que turment ni inquisición no sia en Aragón, como sian contra fuero, el qual dize que alguna pesquisa no avemos contra el Privilegio General, el qual dize que inquisición non sia feyta*, y el rey concede, a renglón seguido, *que no haya lugar a tormento en algún* [ningún] *caso, sino solament en el crimen de falsa moneda...*

[2] *Hicieran. Lo mismo para esta forma verbal en todo el texto: dara por diera, estaran por estuvieran, etc.* Para el marco histórico-jurídico general, remítase el lector al texto de J. Morales en otro lugar de esta obra.

executaran a otra hora, o en otro lugar sino en la plaça, o, otro lugar acostumbrado do la dicha sentencia se dara: y todas estas personas que a ello daran consejo favor y ayuda y estaran presentes, incurran pena de muerte, los officiales incurran las penas impuestas contra officiales delinquentes en sus officios, y puedan ser acusados por parte y por los Diputados: y si los Diputados, o sus procuradores no proseguiran, sean acusados, y lo mesmo sea contra los officiales y otros que mataran sin confessar, o daran tormento, o quebrantaran manifestacion de persona»[3]

Víctor Fairén sintetizó con precisión el estatus del tormento en un momento temprano de su obra[4]. El proceso aragonés de 'Manifestación de personas' fue una institución destinada a salvaguardar la libertad de la persona frente a detenciones arbitrarias y abusos de poder, fuera cual fuere, proporcionando una vía legal efectiva para impugnar la legalidad de la detención, sustraer al preso indebidamente de la jurisdicción que violaba el fuero y evitar la tortura. El profesor Fairén siempre enfatizó esta característica de la eficacia legal aragonesa frente al 'habeas corpus' inglés.

Debe advertirse, empero, que la tortura judicial, o tormento, no era la única posibilidad de maltrato legal existente en el Aragón del Medievo (como en casi todas partes). En otras instancias siguió siendo posible hacer al reo objeto de tratos crueles, incluso sin límite ninguno, de modo que podía ser no solo despojado de bienes, sino privado de libertad, de alimento y agua o de la vida o amputado de miembros ('estemado'). Algo se dirá más adelante. De todos modos, téngase presente que –a pesar de las características abolitorias del derecho público de Aragón que los han hecho malquistos de cierta historiografía– fueron los Decretos de la Nueva Planta las medidas legales que igualaron los derechos de un grupo social muy desfavorecido –el de los vasallos de señores laicos– en Aragón con los que ya hacía mucho tiempo disfrutaban sus homólogos en Castilla.

Para una correcta ponderación, asimismo ha de tenerse en cuenta un rasgo importante de la legislación medieval aragonesa: la posibilidad de suspender en parte o del todo las leyes ordinarias del reino, mediante la proclamación de un *desaforamiento*, una anulación temporal de la

---

[3] *JUAN DE BARDAJÍ*, en su *Summa de los Fueros..., Zaragoza, 1587, s. v., Officio Cancellarii et Vicecance. P. 10, punto 4.* Se trata más ampliamente del asunto en otro capítulo de esta obra.

[4] En "Consideraciones sobre el proceso aragonés de 'Manifestación de personas' en relación con el 'Habeas Corpus' británico", Madrid, Instituto Español de Derecho Procesal, 1963, publicación de 40 págs. Reproducido en su Temas del ordenamiento procesal, Tecnos, Madrid, 1969.

vigencia de los fueros que, a los efectos concretos que se declarasen en aquel preciso momento, producía una especie de estado de excepción durante el cual se podía recurrir, y se recurría, al tormento judicial, positivamente autorizado. Los tribunales de desaforamiento se designaban ad hoc y solían consistir en un grupo de vecinos notables presididos por el justicia local (de la ciudad, del valle), sujetos solo a su propio arbitrio, o sea, *deslibertados* (ajenos a las 'libertades' forales) y con recurso nada infrecuente a la tortura como método de obtención de certezas judiciales.

Y, en fin, la erradicación de la tortura en los procesos regulares no abolió la barbarie de las penas (mutilación, más frecuente de la mano y de las orejas; o marcaje al hierro rusiente), bien y abundantemente atestiguada[5].

II. La tortura en el mundo

Frente a la notable precocidad aragonesa consolidada de manera formal y solemne en 1325, es obvio que, en el mundo, la lucha contra la tortura, sobre todo cuando es la autoridad constituida quien la ejerce, es relativamente reciente y, también, notoriamente ineficaz en los casos en que los estados que la permiten u ordenan aplicarla se niegan a colaborar con las instituciones internacionales, incluso si esos estados las reconocen formalmente, por haber suscrito convenios o acuerdos que les obligan.

El principal instrumento internacional en la lucha contra la tortura es la Convención contra la tortura y otros tratos o penas crueles, inhumanos o degradantes, adoptada por la Asamblea General de la ONU mediante la Resolución 39/46, el 10 de diciembre de 1984, y en vigor desde el 26 de junio de 1987[6]. Hoy, asumen la Convención 173 Estados. Ello significa, en teoría, que aceptan el principio de **jurisdicción universal** sobre los delitos de tortura, cuyos responsables, en consecuencia, pueden ser enjuiciados por las autoridades de cualquier Estado firmante, sin consideración de nacionalidad o de lugar de comisión del delito.

Por otro lado, el Estatuto de Roma de la Corte Penal Internacional (1998) establece que la tortura constituye un crimen de lesa humanidad si está integrado en un ataque general o sistemático contra la

[5] Dice un fuero de las Cortes de Monzón de 1564, relativo a las penas de muerte y mutilación: *Y de aquí adelante, en lugar de quitar orejas a los ladrones, los hayan de marcar en las espaldas con las armas y sello de Aragón.* Esto es, las 'barras' grabadas a fuego en el cuerpo.

[6] Véase el texto de N. Fernández Sola en esta misma publicación.

población civil (artículo 7); y un crimen de guerra si se ha dirigido contra personas o bienes protegidos por las disposiciones de los Convenios de Ginebra de 1949 y sus anexos (artículo 8). Hay más normas e institutos establecidos con similares fines, como son la Declaración Universal de Derechos Humanos (1948, art. 5), la Convención para la Prevención y la Sanción del Delito de Genocidio (1948), los Convenios de Ginebra (1949), el Pacto Internacional de Derechos Civiles y Políticos (1966, art. 7), la Convención Internacional sobre la Eliminación y Castigo del Crimen de Apartheid (1973) y algunas normas más específicas contra las conductas inhumanas y la esclavitud.

La Convención de 1984 generó, cuatro años más tarde, un Comité contra la Tortura, del todo insuficiente, que se reúne semestralmente en Ginebra para supervisar los informes que remiten los estados concernidos. Puede inducir investigaciones confidenciales ad hoc y emite recomendaciones que, ocasionalmente, ha producido efectos positivos en los países destinatarios; pero, en general, está muy limitado por su escasa envergadura y su calidad no vinculante.

III. Orígenes

La tortura judicial quedó prohibida por fuero específico el 10 de octubre de 1325, en una sesión, celebrada en Zaragoza, de las Cortes del Reino que habían sido convocadas por Jaime II. Es una fecha muy temprana. Pero, como hemos dicho, no ha de pensarse que no existía en Aragón otra tortura que esa.

La tortura como parte de un proceso legal empezó a declinar en el resto de Europa mucho más tarde y de modo muy lento, incluidos los restantes estados de la Corona de Aragón[7], y tiene fecha concreta en el año 1740, cuando la abolió Federico II de Prusia[8] en un *Kabinettsorder* dictado el 3 de junio, a las 72 horas de su coronación el 31 de mayo: *...die Tortur gänzlich abzuschaffen*. No tan completamente como dice el regio mandato, pues se exceptuaban unos pocos casos (como los crímenes de lesa majestad), si bien serían incluidos en la prohibición no muchos años después (1754). Cuando Federico II dictó la disposición, aún no había editado Cesare Beccaria su admirable *De los delitos y las penas*, que apareció, de forma anónima e impreso en Livorno, en 1764. Fue, pues, la prohibición prusiana anterior a la Revolución Francesa.

---

[7] F. TOMÁS Y VALIENTE, *La tortura en España*, 2ª ed. Ariel, Barcelona, 1994, págs. 212 y ss.

[8] La unificación bismarckiana la prohibió en todo el Imperio (1871).

Por el lado contrario, cabe recordar que el Imperio Austro-Húngaro la mantuvo vigente (en forma de apaleamiento, aunque restringido a ciertos casos) hasta 1917; y que no se adelantaron mucho más en suprimirla los helvéticos: los suizos propiamente dichos (del cantón Schwyz) atormentaban, incluso con quemaduras, aún en 1820; en otros cantones, las torturas legales se atestiguan sin duda cuarenta años más tarde (en Appenzell se azotaba al desdichado atado en posición de decúbito prono sobre un banco, el *Prügelbock, Strafbock* o *Strafbank*[9]; y en el cantón de Zug, las torsiones de miembros y el colgamiento se emplearon todavía en 1869).

A los efectos de valorar la precocidad de ley aragonesa sobre la tortura, la historia se inicia en el siglo XIII, con un texto papal que autoriza dar tormento en el desarrollo de un proceso judicial determinado (*contra haereticos*; sobre todo, cátaros y valdenses). En efecto, en la bula de Inocencio IV, fechada en 15 de mayo de 1252, *Ad exstirpanda* (título que puede inducir a error, puesto que se empleó en varias ocasiones por diversos papas) se lee:

> **«Además, el funcionario o rector debe obtener de todos los heréticos que ha capturado una confesión por la tortura sin causar la pérdida de un miembro o peligro de muerte, pues son, en verdad, ladrones y asesinos de almas(...) Deben confesar sus errores y acusar a otros herejes que conozcan, así como a sus cómplices, encubridores, correligionarios y defensores, como se obliga a los granujas y ladrones de bienes mundanos a delatar a sus cómplices y confesar los males que han perpetrado[10]»**

En general, el tormento eclesiástico evitó la efusión de sangre y optó por las torsiones y estiramientos. Métodos más severos y crueles necesitaban autorizaciones particulares.

La Inquisición papal había nacido poco antes, en 1231 (Gregorio IX), y no debe confundirse con la creada, con licencia papal, pero con personalidad propia, en su monarquía por los Reyes Católicos, a menudo denominada Inquisición española.

---

[9] Estos bancos, o mesas, estaban dotados de mecanismos de inmovilización. En prisiones femeninas de EE. UU. consta su uso reglamentario en 1889.

[10] *Teneatur praeterea Potestas, seu Rector omnes haereticos, quos captos habuerit, cogere [forzar, coaccionar] citra membri diminutionem, et mortis periculum, tamquam vere latrones, et homicidas animarum, et fures sacramentorum Dei, et Fidei Christianae, errores suos expresse fateri, et accusare alios haereticos, quos sciunt, et bona eorum, et credentes, et receptatores, et defensores eorum, sicut coguntur fures, et latrones rerum temporalium, accusare suos complices, et fateri maleficia, quae fecerunt.* La instrucción fue confirmada por Alejandro IV el 30 de noviembre de 1259 y por Clemente IV el 3 de noviembre de 1265. El texto completo consta de 38 *leges*.

En la Monarquía Hispánica, aunque se olvide a menudo hecho tan notable, Juan Luis Vives ya expuso su criterio del todo opuesto al tormento judicial en 1522[11], por ineficaz, bárbaro y cruel (*immanis crudelitas*) –rasgo que imputa a los antiguos romanos– e incompatible con la dignidad humana (*et humanitatis iniuriam*), aspecto en el que se adelanta ampliamente a las reflexiones de Montaigne; y a Voltaire y Montesquieu entre los ilustrados.

IV. Las palabras[12]

El *Diccionario de la Lengua Española* (RAE) define tormento como sinónimo de tortura y le admite esta acepción en sexto lugar: *Dolor corporal que se causaba al reo para obligarlo a confesar o declarar.* Y de tortura dice, indicando también la sinonimia recíproca con tormento: *Grave dolor físico o psicológico infligido a una persona de forma deliberada con el fin de obtener algo de ella, especialmente una confesión o una determinada declaración.* En Derecho, tortura significaba, además, *averiguación, inquisición o pesquisa de la verdad, que se practicaba dando tormento al presunto culpable inconfeso.*

El *Diccionario de Autoridades* (VI, 1739, *s. vv.*) dice que tortura *vale tambien lo mismo que question de tormento* e invoca a Cervantes en el *Persiles* como apoyo. Define tormento como *pena corporal, que se impone à algún reo, contra el qual hai prueba semiplena, ò bastantes indicios de la culpa, atormentándole para que la confiesse. Hai varias especies: y el que se usa más ordinariamente, es de cuerdas, y vueltas.* Y de la *qüestión de tormento predica,* en igual sentido, que es una *prueba judicial con que se aflige al reo*

---

[11] *Commentarii in libros De civitate Dei divi Aurelii Augustini, Basilea, 1522, XIX, 6: Quid enim est aliud quaestio per tormenta, quam immanis crudelitas et humanitatis iniuriam? Ubi homo, Dei imago, ad brutorum morem vexatur, [...] ut veritatem doloris impetu effundat.*

[12] Nos remitimos a los repertorios etimológicos más comunes. *DU CANGE, Glossarium mediae et infimae latinitatis*, manejo la edición de Frankfurt, 1710 (original: París, 1678). Define así: *Tormentum est omnium intestinorum vexatio (p. 1.266). Torturae (sic), cruciatus, tormenta, seu supplicia, quibus ad eruendam à reis confessionem iudices uti solent.* (p. 1.275). Cita la Partida VII (*Leges Alfonsinae pars* 7) y añade: *Vide Michaëlem del Molino in Repertorio Foror. Aragon,* pormenor sobre el que se explayan J. Delgado y D. Bellido en el presente libro; E. FORCELLINI, *Totius Latinitatis lexicon* (...), Padua, 1771 define 'quaestio', en su cuarta acepción: *Saepissime dicitur de investigatione criminis, quae fit interrogando reum ac testes, adhinito saepe tortore ac tormentis*; C. LEWIS - C. SHORT, A *Latin Dictionary,* Harper, N. Y., 1879; A. Ernout y A. MEILLET, *Dictionnaire étymologique de la langue latine*, Klinksieck, París, 1932; J. POKORNY, *Indogermanisches etymologisches Wörterbuch,* Berna/Múnich, 1959; É. Benveniste, *Le Vocabulaire des institutions indo-européennes,* París, 1969; C. WATKINS, *The American Heritage Dictionary of Indo-European Roots,* Boston/Nueva York, 2000, 2ª ed. No tratan estos dos términos E. ROBERTS Y B. PASTOR, *Diccionario etimológico indoeuropeo de la lengua española*, Madrid, 1996, ni tampoco se ocupan del radical i. e. *terk^{w}.

contra el qual hai indícios bastantes, ò semiplena probanza, à fin de que con el dolór confiesse si cometió el delíto, y descubra los cómplices.

A los efectos de este escrito, se considera tortura o tormento cualquier forma de coerción física ejercida sobre un acusado, un testigo u otro sujeto procesal, con el objeto de obtener del así tratado una confesión u otra declaración útil para determinar hechos que, hipotéticamente, no podrían averiguarse de otro modo y que deben tenerse en cuenta para poder dictar sentencia debidamente.

En nuestras lenguas (las románicas y las directamente influenciadas por ellas: en vasco, por ejemplo, existe 'tortura'), las voces 'tormento' y 'tortura' comparten etimología y, por eso, un gran parecido formal. En español, italiano, gallego y portugués o veneciano son palabras idénticas; y, casi, en las variedades del catalán, del occitano, del toscano (incluido el corso) y del francés (criollo haitiano, muy fonetizado: *touman* y *tòti*, del francés: *tourment* y *torture*); en rumano existen *tormente* y *tortura*; en sardo, *turmentu* y *tortura*; en ligur, *tormento* y *tortua*; etc.

Tormentum es más antiguo que *tortūra*. Los dos términos nacen del latino *torquēre*, que significa (y ha generado) 'torcer' y 'retorcer', de modo que son hermanos léxicos. La raíz remota de *torquēre*, según los más, es el radical indoeuropeo (reconstructo, pues no está documentado de forma directa) *terk^{w}-, vinculado a la idea general de girar (mover circularmente) o retorcer (torsión)[13]. El verbo *torqueō* (que se enuncia en presente, como todos los latinos) genera el participio *tortus*, muy fecundo en español y con sentidos morales, como sucede en *tuerto* y en *entuerto*, entendidos como contrarios a la rectitud (calidad de *rectus*).

Tormentum pertenece originariamente, en los testimonios literarios disponibles, al léxico de la guerra. Todavía César[14] habla de los *tormenta* cuando se refiere a las máquinas artilleras que lanzaban proyectiles aprovechando las fuerzas generadas mediante la torsión de cuerdas (catapultas, ballestas, onagros y escorpiones, principalmente). En cambio, *tortūra* es voz más tardía con ese sentido, significativa de la torsión, acción de torcer, del retorcimiento de

---

[13] También se ha propuesto la raíz i. e. *twerk-, con una alternancia vocal bastante común. Los lingüistas utilizan el asterisco * para señalar que una raíz i. e. es hipotética.

[14] P. e., *de bello Gallico II*, 8; VII 25; 41; 81.

algo físico (*torquēre* › *tortus* › *tortūra*). Se especializó en la torsión de miembros del cuerpo humano[15].

El *Digesto* (48.18) es muy expresivo cuando define *tormenta* como retorsión de miembros con el fin de obtener declaraciones con valor judicialmente probatorio mediante la *quaestio per tormenta*. Por ejemplo, se recurría al *eculeus* o *equuleus* que, no obstante su nombre, que lo aproxima a un caballete, parecía más bien consistir en un sistema de suspensión en un poste con travesaño y con los brazos atados por detrás, con separación creciente de extremidades; las *fidiculae*, cuyo nombre en singular alude a una lira, por lo que se suponen formadas por cordajes; la *rota* o rueda giratoria a la que es atado el torturado; o los *tabularia*, tableros para aplastamiento que se logra con torsión de cuerdas.

En el *Digesto* (48 18, título *De quaestionibus*, en el que se recogen opiniones de Modestino, Paulo y otros juristas), el legislador prueba conocer la etimología genuina (hay muchas falsas para numerosas voces, en las que creyeron con simpleza lingüística los antiguos romanos): *Tormenta appellata sunt a torquendo, id est contorquendo membra*. Y se advierte que también se aplican a personas libres: *In quaestionem dari solent non tantum servi, sed etiam liberi, cum de eorum admissis quaeritur*, si bien Paulo especifica que a estos segundos, los libres, solo en caso de crímenes capitales; y Modestino añade que nunca a menores de 14 años. Ulpiano previene que no debe atormentarse al esclavo para que deponga contra su amo, advierte a las autoridades que no es legítimo el tormento sin orden del juez, so pena de sanción grave (*Si quaestio sine iudicis auctoritate habita sit, poena extraordinaria punietur*) y se sitúa, incluso por razones prácticas, contra el uso legal de la tortura porque no garantiza a quien lo aplica la obtención de la verdad: *Tormentis res est delicata et periculosa et quae veritatem fallat*. Puntos todos que, para la posterioridad europea, resultaron relevantes.

En general, puede entenderse que con la denominación de tormento o tortura judiciales se alude a diversas formas de coerción física aplicadas a un acusado (más raramente a otro sujeto procesal), con el propósito de arrancarle una confesión u otra declaración útil para determinar hechos que, en principio, no podrían establecerse de otro modo, y que deben tenerse en cuenta al dictar sentencia.

---

[15] La torsión como fuente de dolor corporal se denomina tortura también en la medicina veterinaria romana. Vegecio, *Ars Veterinaria* I 40 127 escribe: *Hinc etiam tortura et extensio ventris dolorque...*, con referencia a los dolores intestinales de los mamíferos.

Tendemos a pensar en el tormento como medio de probanza judicial y le asignamos genealogía romana. Pero este punto de vista requiere una breve matización. Atenas pasa, con justicia, por ser una escuela política ejemplar y adelantada. Pero aquel estado, pionero de tantas prácticas políticamente virtuosas, era capaz de gestos que obligan a reconsiderar el alcance del tópico. Bastará con aducir dos textos, en escenario sin duda ateniense, pero de tan distinta índole que aclaran el problema. El primero es del 439 a. C. y el segundo, del 405. Esto es, ocurren en el siglo áureo de Atenas.

Cuenta Plutarco una historia que achaca a la contrapropaganda tardía creada por el historiador samio Duris, pero que fue tenida por veraz, indicación de que la atrocidad imputada al más ilustre jefe ateniense de todos los tiempos, Pericles, no resultaba inverosímil para muchos coetáneos del historiador de Queronea. Con ocasión de la victoriosa guerra contra los samios, Pericles decidió dar un escarmiento mediante la aplicación de la pena de muerte a algunos de entre ellos. Y esto dice Plutarco que contó Duris: *Hizo llevar a la plaza de Mileto a los trierarcas* (comandantes de nave) *y marinos de Samos, los hizo atar a postes durante diez días y, cuando ya estaban en condiciones miserables, dio orden de matarlos a bastonazos en la cabeza*. Frente a este texto de tenor tan tremendo, Aristófanes, en su divertida comedia *Las ranas*, enumera (vv. 618-621) los siguientes tormentos que un amo autoriza a infligir a su esclavo (trad. de Luis Gil para Gredos): *...átale al potro, cuélgale, azótale con el rebenque, retuércele los miembros, échale también vinagre en las narices, cúbrele de ladrillos...* No eran extrañas del todo, pues, tales conductas a los atenienses del siglo V a. de C.

También interesa la romana *lex Ivlia de maiestate*, que se promulgó por deseo de Augusto en el año 8 a. C., por la cual el tormento iba a poder aplicarse a cualquier reo, fuera esclavo o libre, del crimen *de lesa maiestate*[16], lo que aquí interesa en la medida en que era asimismo *crimen maiestatis*, aunque no se suele subrayar, la falsificación de moneda (entre otras cosas, porque llevaba con frecuencia la efigie imperial), tratada de forma igualmente excepcional en el fuero de Aragón. Sería un claro precedente doctrinal de la norma de 1325 el

[16] Por esta vía argumental de qué fuera *crimen maiestatis*, aún se aplicaba esa ley en los Estados Pontificios para recurrir a la tortura en fecha tan tardía como 1825. Lo hizo, al menos, el cardenal Agostino Rivarola, *legato a latere* a cargo de un proceso contra los carbonarios, explicándolo en su sentencia de 31 de agosto de 1825. No tan distinto de lo que hacía en el mundo de la ficción operística el sádico y desaprensivo barón Scarpia, jefe de la policía papal, criatura musical de G. Puccini y literaria de L. Illica y G. Giacosa, que levantaba actas parecidas en 1800, cuando la batalla de Marengo. No por nada se dice de la Tosca que es ópera 'verista'.

monedero falso incurría en crimen *lesae maiestatis*, al igual que en la Roma de los emperadores.

V. Consciencia

Los tratadistas aragoneses, y no necesariamente solo los juristas, tuvieron viva conciencia de que las decisiones que nacieron del Privilegio General, o se consolidaron a partir de él, y precipitaron en un fuero específico durante las Cortes de 1325, no eran lo común en otros países. Lo dijeron enseguida y de forma expresiva. Acaso los resuma bien a todos Jerónimo Zurita y Castro, que trató cronísticamente del caso en el reinado de Felipe II (I en Aragón). Persona especialmente sabedora pues, aunque no se le recuerda a menudo por su importante empleo cortesano, fue el secretario del rey Felipe para el Santo Oficio en toda la Monarquía. O sea, el primer burócrata de la Inquisición.

En sus incomparables *Anales* (VI 61), relata lo sucedido en las Cortes aragonesas de aquel año en Zaragoza. Acudió el infante Alonso (Alfonso) en nombre de su padre, para reunirse con los *perlados* [prelados] y *ricos hombres, mesnaderos, caballeros y los procuradores de las ciudades y villas del reino,* de los que cita a los más notables, con Pedro de Luna, arzobispo de Zaragoza (dignidad que solo tenía siete años de existencia), en cabeza. Pidióse al rey que mandase observar el Privilegio General del Reino, porque no se respetaba, no obstante haberse formalizado las protestas (la última, en 1320). Jaime II, con fecha 1 de septiembre, hizo cierta declaración y concedió privilegio en confirmación del Privilegio General.

En palabras del cronista, siempre preciso y cercano a los documentos fehacientes, entre las cosas que se estatuyeron se ordenó que no hubiese tormento, porque era contra fuero, por el cual se prohibía que no se hiciese en el reino pesquisa alguna, y contra el tenor del Privilegio General que disponía que no se hiciese inquisición; y ordenóse que en ningún caso hubiese cuestión de tormento sino en crimen de moneda falsa y en este delito tan solamente contra personas extrañas del reino de Aragón y vagabundas que no tenían bienes ningunos o contra hombres de vil condición de vida o de fama y no contra otros. Y fue declarado que si algún hijo de rico hombre, mesnadero[17] o caballero, infanzón, ciudadano o hombre de villa principal anduviese vagabundo por el reino, que este tal no pudiese ser puesto a quistión de tormento.

---

[17] *Mercader* en la ed. de Á. CANELLAS, *Anales*, t. 3., IFC, Zaragoza, 1972, pág. 229.

También señala en su lugar que Pedro IV ratificó la decisión en 1348.

Zurita no se resiste a subrayar para sus lectores (que, en primer lugar, eran los diputados del reino, como mandantes suyos en tanto que cronista del reino) el valor de lo acordado y les aclara que,

> «en esto, según juicio de todos comúnmente, se mostró bien la prudencia de nuestros mayores que en sus leyes y costumbres quisieron imitar las de los romanos que fueron prudentísimos en todo género de gobierno; en cuya república por costumbre antigua fue ordenado que no se procediese a quistión de tormento contra los que eran ciudadanos y personas libres, pareciéndoles cosa muy áspera y grave lo que se usaba en las repúblicas de los atenienses y rhodios; y que no se debía usar de un remedio como este sino contra los que eran siervos»

Roma como arquetipo del buen derecho, a los ojos de Zurita (estudioso de César, entre otras cosas).

Una forma eficaz de conseguir tan importante salvaguarda era el procedimiento de la *manifestación* de personas ante el Justicia de Aragón. Si este lo admitía, cualquier otra jurisdicción debía entregarle la guarda del acusado preso hasta que su corte decidiese cómo actuar. Incluso si reconocía que, en principio, se ajustaba a derecho el proceso en curso, mantenía la custodia física del procesado y solo reintegraba al reo tras declararse que se había dictado sentencia sin vicio legal. Esta garantía formaba cuerpo con la prohibición del tormento y, en repetida expresión de Juan Francisco La Ripa[18], buscaba *librar a la persona detenida en sus cárceles* (las de los jueces del rey) *de la opresión que padeciese con tortura o alguna prisión inmoderada.*

VI. Dudas

Cuál era el alcance de la prohibición en Cortes de la tortura judicial no es tan sencillo de precisar como parece. Se aprecia la doble tendencia de asignarle un carácter que se acerca a lo general y absoluto, a partir de la expresión textual del mandato[19] y es muy plausible y atractiva la idea de Jesús Delgado de que, en realidad, nunca estuvo autorizada la tortura judicial porque no se introdujo jamás en Aragón el proceso inquisitivo del Derecho común europeo; en tal caso, la demanda del

[18] *Ilustración a los cuatro procesos forales de Aragón* (en la edición de 1828, p. 411). Ver también Á. BONET, *Procesos ante el Justicia de Aragón*, Guara, Zaragoza, 1982.

[19] ...*nullus homo, cuiuscumque conditionis existat,* dice el *Privilegio* sobre el ámbito de aplicación.

Privilegio General y el fuero en que cuajó tendrían un cierto carácter redundante u ocioso, lo cual no ha de extrañar: la asamblea habría forzado al rey Pedro III al compromiso no de innovar, sino de respetar leyes y costumbres que venían violándose por iniciativa del monarca o con su conocimiento y consentimiento, explícito o tácito.

Ítem más, hay tratadistas antiguos que sostienen algo tan llamativo y trascendente como que la acción pactada por el rey y las Cortes en 1325 produjo un fuero que tenía carácter territorial, no personal. Así, el privilegio de la abolición de la tortura judicial concedido a los aragoneses *de este reyno no solo fue concedido a los regnicolas de él, sino al territorio.* La afirmación es del notario Pedro Gavarre, pero su fuente es de la mayor autoridad, pues recurre a una carta emanada *de la corte del señor justicia de Aragón* emitida a instancia de los diputados del Reino, dirigida al obispo y al justicia de Barbastro el 18 de febrero de 1606. Se dice en ella que *en el reino esta proibido dar tormento por juez u official alguno exerciente jurisdiccion en dicho Reino, sino a los falsificadores de moneda estrangeros*[20].

Por otra parte, en la historiografía se da cierta inclinación a rehuir, por escurridiza y enredosa, la situación en que quedaron sectores nada pequeños de la población aragonesa que podían ser objeto de malos tratos equiparables a la tortura y aun peores que ella, por el hecho de estar legalmente sujetos a jurisdicciones donde se permitía, entre otras conductas, *el ius male tractandi* o el tormento judicial propiamente dicho, como aún se ve que ocurre –y es solo un ejemplo– en el siglo XVII, en la jurisdicción militar, en suelo de Aragón y sobre un natural del reino, sin que pudiera objetarse que no era cristiano y que había entrado en Aragón tras cruzar la raya de Francia[21].

De igual modo que esta jurisdicción militar pretende actuar al margen de los Fueros, ¿sucedía con los tribunales de los señores laicos de vasallos, cuya existencia no es dudosa, en particular con ocasión de delitos más frecuentes, como los impagos o la usurpación de tierras? En otras palabras: el fuero de 1325 ¿vedaba el uso del tormento en las jurisdicciones señoriales laicas sobre vasallos? ¿Qué significado cuantitativo ha de darse a casos como el atestiguado de Gil López, senten-

---

[20] Cito por M. GÓMEZ DE VALENZUELA, *Cárceles, penas, verdugos y tormento en el derecho penal histórico aragonés*, IFC, Zaragoza, 2019. pág. 146.

[21] En su acta de 14 de marzo de 1612, el Concejo denuncia que soldados de la guarnición local capturaron a un "cristiano nuevo (procedente) de morisco", por contrabando y espionaje y le dieron tormento en el castillo de San Pedro. La queja, dirigida al virrey, no es solo por el tormento, sino por usurpación de jurisdicción.

ciado en 1411 y en el que resultó que todo lo actuado en el señorío quedó anulado por el rey, el 15 de julio de 1412, incluida (y con mención expresa del hecho) la aplicación de tormento a un vasallo por su señor, a pesar de lo dispuesto poco antes en las Cortes de 1404, en sus sesiones de Maella? . ¿Fue eso lo raro o, por el contrario, era algo tan común que no consta más a menudo porque se tenía por sabido?

Dice Miguel del Molino, interpretado por Bardají en su repertorio alfabético[22] (*Summa,* 1513, s. v. *Vassallus*), que, salvo que el señor hubiere pactado con sus vasallos sujetarse en sus diferencias a la jurisdicción del Justicia (decisión que dice era irreversible), los vasallos *de no lo guardar no se pueden dél quexar porque los puede maltratar* (= *quia potest eos male tractare*). Así, si no hay pacto expreso entre señor y vasallos de que los casos se pasarán a la jurisdicción del Justiciazgo, persiste el *ius male tractandi*[23].

En un penetrante estudio, Gregorio Colás situó con precisión y relativamente estas dos facetas de la sociedad estamental aragonesa:

> **«El pactismo reconocía a los señores laicos (una pequeña parte de la aristocracia) el privilegio de la potestad absoluta sobre sus vasallos. En contrapartida, el régimen aragonés otorgaba al resto de la sociedad unas prerrogativas que la diferenciaban claramente de la europea»**[24]

Al amparo de los Fueros, por medio del Justicia, estaban los vasallos de realengo, cuyo señor directo era el rey, y los de la Iglesia. Por otro, los de señorío laico, los titulares de cuya jurisdicción no pueden identificarse con el estamento nobiliario, por ser solo una parte de este y no la mayor. Y sigue (pág. 81): *La presunción de inocencia y la prohibición de inquisición, confiscación y tormento eran las notas que diferenciaban ese derecho del que imperaba por esos mismos tiempos en la Europa occidental.* Para Colás no cabe duda ninguna: *Los conversos de moros,*

---

[22] *Summa de los fueros y obseruancias del Reyno de Aragon y de las Determinaciones y practicas referidas por micer Miguel del Molino en su Repertorio* (original de 1513), edición de Juan Ibando de , Bardají, Zaragoza, 1587, s. v. *Vassallus*.

[23] Enrique Solano opina, en correo con que amablemente contesta a mi consulta, que el beneficio foral de supresión de la tortura no afectaba a los vasallos de señores laicos, incluidos moriscos y cristianos viejos. Podían ser llamados ante la justicia del señor de vasallos y su jurisdicción, que disponía de la potestad absoluta. En cuanto a la cuantía demográfica, HENRY KAMEN, en *La guerra de Sucesión en España 1700-1715*, (Barcelona, Grijalbo, 1981, p. 271), supone para Aragón, hacia 1700, una población en torno al 29% de vasallos de señorío laico.

[24] "El Justicia de Aragón en el señorío", *Pedralbes,* 23 (2003), págs. 77-94. Refuta con buenas razones las tesis que presentan al Justicia ya como un mito, ya como un mero mecanismo de defensa de la nobleza. A tales simplificaciones opone las visiones, más complejas, completas y matizadas, de J. M. Lacarra, V. Fairén, J. Lalinde, Á. Bonet, E. Sarasa y G. Redondo, además de la suya propia.

desde su bautismo, son legalmente aragoneses de pleno derecho y como tales son tratados. Lo mismo puede decirse de los vasallos de señorío eclesiástico, *con independencia de su origen y nacimiento*. Y estima que, sumados a la población de realengo, se alcanzaban los 4/5 del total de los habitantes de Aragón, siendo el resto los vasallos de señorío laico. No menos, pero no más.

Un caso expresivo de la eficaz protección del Justicia contra el abuso (incluida la prisión) de señores es el del litigio de los habitantes de Lagata, moriscos en su totalidad, contra el abad del monasterio de Rueda, al que denunciaron por usar de una jurisdicción que constituía contrafuero, con la que pretendía, entre otras cosas, *prender y pressos detener señaladamente con algún processo* a quienes se le resistían. El Justiciazgo les dio la razón en todo y ordenó al abad dejar de hostigar a sus vasallos de ese lugar. Otro tanto sucedió en Codo (1562, 1575), frente al mismo monasterio; y en el barrio caspolino de San Juan (todo de cristianos nuevos) y en la propia villa (poblada por cristianos viejos), frente al bailío de Caspe (1558, 1603). Era, pues, un amparo solvente contra habitantes del reino no cristianos a quienes el tribunal del Justicia declaraba eficazmente protegidos por el fuero.

El poder casi ilimitado de los señores de vasallos tenía su fundamento en la denominada 'potestad absoluta' (y, a menudo, entre juristas, la 'absoluta', sin más). Aunque afectaba a una minoría de la población, tenía sus detractores también entre los grandes señores y es notable el juicio de Hernando de Aragón, abad (primero) de Veruela, arzobispo (después) de Zaragoza, nieto biológico de Fernando II y virrey de Aragón, no solo primer prelado sino también primer noble del reino: la potestad absoluta, en tanto que jurisdicción, escribía a Roma, al cardenal Alberto, el 7 de febrero de 1570, *tiene poco o nada de justicia cristiana, es siminario* (semillero) *de ynfinidad de agravios del próximo y de ofenssas y delitos de la Majestad Divina (...) Es contra toda justicia, lei y razón*. Añadía detalle suficiente, al usar el texto mismo de la *Observancia*, que reproduce Espés de esta forma: *Quod domini temporalis vassallorum in Aragonia possint suos vassallos bene et male tractare, fame et siti necare*[25]. Y advertía que más era cosa de costumbre (en Aragón, observancia) que de ley. Era de temer que se condenasen las almas de los señores que ejecutasen semejante costumbre sobre sus vasallos, puesto que *Dios se los dio para governarlos con justicia* y no para contravenir *las leyes natural y divina*. Aún pidió, poco después, el

[25] DIEGO DE ESPÉS, *Historia Eclesiástica de la Ciudad de Çaragoça (...)*, edd. A. Blasco y P. Pueyo, IFC, Zaragoza, 2019, pág. 898.

prelado al rey (Felipe II, I en Aragón) que aboliese este *ius maletractandi*. A fin de año se dolía ante el monarca, a riesgo de resultar impertinente, de la supervivencia de la potestad absoluta, reiterando que era cosa contra la justicia, la ley y la razón. Al saber, por el embajador español en Roma, que el rey rechazaba la abolición de la absoluta, sin rodeos le escribió el arzobispo al soberano, en diciembre de ese año: *No lo puedo creer porque no ai cosa mas justificada i que mas conbenga al servicio de Vuestra Majestad*[26]. Lo creyese o no don Hernando, hubo que esperar al cambio de dinastía para alcanzar su humanitaria pretensión.

Los que E. Sarasa llama *siervos de la gleba aragoneses* (que incluyeron a los mudéjares) estaban sujetos a un duro régimen en el que el señor disfrutaba de 'mero y mixto imperio', inclusivo de las jurisdicciones civil y criminal, *sobre todas las pertenencias humanas y materiales del señorío y con poder suficiente para maltratar, condenar e incluso matar a los siervos*[27]. Este *proletariado campesino* vivió en un desamparo que estaba sancionado por los Fueros, de lo que tomaba fuerza, ya que desde 1247 *reconocían a los señores el derecho a matar de hambre, de sed y de frío al siervo que diera muerte a otro del mismo señorío* y bajo atribuciones jurisdiccionales *más o menos aplastantes*.

Ya advirtió Eduardo de Hinojosa, en un estudio que sigue teniendo validez, cómo se consideró que la imposición de penas corporales, incluida la mutilación de miembros, era posible sin previo proceso y aunque condujese a la muerte del así castigado[28].

Manuel Gómez de Valenzuela expresó gráficamente la dimensión del problema que ofrecen al historiador las numerosas jurisdicciones coexistentes en Aragón.

Los reyes no quisieron intervenir en la limitación ni, menos, en la abolición de la potestad absoluta de los señores aragoneses de vasallos; y bien entrado el siglo XVII aún tenía defensores públicos que argumentaban con numerosas razones, si bien con ciertas argucias retóricas, en pro de una costumbre que se tenía por ley desde los orígenes mismos del reino y que parecía formar parte de su estructura institucional y legal, tanto como de la mentalidad de la mayoría. A ese respecto, en la

---

[26] El texto de Espés es aludido, así como un ms. de la Real Academia de la Historia, en G. COLÁS, J. CRIADO E I. MIGUEL, *Don Hernando de Aragón*, CAI, Zaragoza, 1998, pág. 52.

[27] "La condición social de los vasallos de señorío en Aragón (...)", *Aragón en la Edad Media*, 2, 1979, págs. 203-244.

[28] "La servidumbre de la gleba en Aragón", *Obras. I. Estudios de investigación*, Ministerio de Justicia, Madrid, 1948, págs 235-244.

obra citada, hace Colás (pág. 92), una interesante reflexión, subrayando que el régimen político aragonés, que podría denominarse pactismo, incluía y protegía tanto la 'absoluta' señorial como «los fueros, privilegios y libertades que los aragoneses esgrimían orgullosos frente a sus vecinos. (...) Los Fueros eran ambas cosas (...) Y habrá que convenir que la mayor parte de la población, la masa, participaba de las libertades aragonesas y de la protección del Justicia.»

VII. Un alegato en pro del ius maletractandi

El derecho al maltrato que correspondía a los señores de vasallos estaba todavía muy arraigado ya bien entrado el siglo XVII y sus defensores disponían de recursos materiales, institucionales y culturales para defender que esos señores pudieran, entre otras cosas, encarcelar y llegar a matar por hambre y por sed (expresadas como ejemplos de lo ilimitado de su potestad, no como formas únicas del *ius maletractandi*: quien puede lo más, puede lo menos, habría que entender).

Un impreso sin firma, bien compuesto y razonado, que puede fecharse en 1626[29], es un notable ejemplo de cómo la abolición, ya tricentenaria, del tormento judicial no había terminado con la idea de que las sevicias físicas no eran necesariamente repudiables.

Con amplio recurso erudito a autoridades, algunas muy recientes, como Casanate, Bardají, Saavedra, Ramírez (Calixto), Molino, Arias Pinelo (Piñel) y otros, el autor razona largamente ante las Cortes (la *Corte General*) de 1626 que *ni el señor rey, salva su grandeza, se puede entrometer en lo que los Señores obren respecto de sus vasallos*, pues es bien sabido y admitido que *possunt bene vel male tractare pro eorum libito voluntatis vel bona eis auferre*.

Este letrado, para mí incógnito, recoge y esgrime juicios viejos y recientes que consideran la 'absoluta' como consustancial al pacto fundacional de la monarquía aragonesa. El más moderno es el de Pedro Calixto Ramírez[30], probatorio de que la idea tenía firme sustento entre los expertos aragoneses: el rey lo fue a cambio, entre otras cosas, de admitir este poder de los señores de vasallos.

---

[29] AHPZ, Bureta, FC, SG, Legajo 69, N. 14.

[30] *De lege Regia*, Zaragoza, 1616. § 36. n. 27: *Hocque quasi quadam, inter Reges, & Dominos, instituta conventione: ne se Dominus Rex de eorum hominibus intrommitat. Sesé afirma, por su parte en De inhib.* d. § 4 n. 38: *Asseverandum est, in translatione Imperii in Regem tale ivs fuisse reservatum vi pactionis, et contractus.* En esa obra hay varias referencias a la potestad absoluta.

La argumentación es ordenada y se numeran sus argumentos. El primero es que *en tiempos de la opresión sarracena*, el rey, *por no ser tan robusto en aquellos siglos su poder*, requirió la ayuda de los *Primeros Héroes (llamados después Ricos Hombres)* a quienes remuneró con *el dominio en las personas y bienes de sus vasallos.* El segundo, que fue condición impuesta al rey la de no tener las decisiones tomadas con potestad *recurso alguno*, todo lo cual es un pacto *que no puede pasar a revocarlo la Corte General* (las Cortes). Tercero: los señores no debían abusar de esta capacidad ni aplicarla por beneficio económico, sino *para terror de los vasallos y para que con miedo de pena tan rigurosa estuviessen sujetos con la dependencia y fidelidad devida a sus Señores*. Cuarto: no pueden pretender exención *los que voluntariamente huvieren entrado a ser moradores y vezinos en lugares de señores seculares de vasallos.* Quinto: contra lo que parece significar el texto (*possunt bene, vel male tractare pro eorum libito voluntatis*), hay que considerar lo que sigue a este de inmediato: *vel bona eis auferre? REMOTA OMNI APPELATIONE* (mayúsculas en el original), con libertad, pero en el exclusivo sentido de que no habrá apelación posible y no porque esas palabras *concedan facultad para iniquidades*. Sobre este punto se extiende al autor del memorial con amplia casuística. En sexto lugar arguye la simpleza directa del procedimiento, *sin atender a solemnidad judicial, ni a observancia de tienpos ni otras ciscunstancias rituales*, que permite resolver emergencias con prontitud, cosa que elogió Fernando el Católico, pues *assí se podía llamar Rex Regum et Dominus dominantium*. En séptimo lugar, la potestad absoluta de los señores de vasallos se ha discutido largamente sin que hayan prevalecido sus contrarios, citándose casos que llegaron sin éxito al rey y a las Cortes, triunfando, por el contrario, *su justa defensa*. De modo que –para concluir– se debería *mantener a los señores y vasallos en el primer ser que tuvieron en su principio*. Este escrito muestra la prolongada vigencia de una concepción arcaizante de las relaciones sociales apoyada en la dañina congelación de usos y costumbres ya superados en otros reinos de la monarquía de los Habsburgo.

VIII. Final

Al cabo y con todo, ha de quedar patente que Aragón descolló en Europa por su temprana y eficaz (insistamos) exclusión de la tortura como medio legal de obtención de pruebas en los tribunales ordinarios de justicia. Incluso algún autor no muy entusiasta de la legislación histórica española, como Piero Fiorelli[31] –valga por cuantos estudiosos extranjeros han pensado como él–, se siente llamado a reconocer la circunstancia. Con buen motivo.

[31] PIERO FIORELLI, *La tortura giudiziaria nel diritto comune,* 2 vols. reed. Milán 2023 (1953 y 1954). Autor con una idea peculiar (y tópica) de España *(...la Spagna ardente e fanatica...)*, que no obstante señala: *Nel regno d'Aragona, la tortura fu sbandita dalle 'cortes' fin dal 1325 col consenso del re (...) E il divieto, che non includeva per altro né i processi d'eresia, spettanti alla giuridizionee ecclesiastica, né quelli di falsa moneta, fu mantenuto costantememnte. Divieto veramente notevole per il suo tempo che accomuna all'Aragona alcuni dei popoli piu settentrionali d'Europa* (págs. 112-113).

- 6 -

El tormento y la Inquisición eclesiástica en Aragón

Juan Francisco Baltar Rodríguez

Resumen. La Inquisición Española, distinta de la Inquisición pontificia o medieval, fue una institución común a los territorios de la Monarquía Hispánica; también fue de aplicación en Aragón desde los Reyes Católicos. El proceso penal inquisitivo y el uso del tormento se contraponían a los modos del Derecho foral del Reino. La Inquisición como instrumento para la defensa de la ortodoxia de la fe y agente de la Corona consiguió afianzarse e imponerse con sus métodos, a pesar de la oposición de los sectores del Reino, singularmente la nobleza. Particularmente, el recurso a la tortura judicial tendría rasgos comunes con lo acaecido en otros tribunales, pero también tendría rasgos propios como su aplicación no sólo a criptojudaizantes, moriscos, o sospechosos de herejía, sino también a acusados de determinadas desviaciones morales.

Abstract. The Spanish Inquisition, distinct from the papal or medieval Inquisition, was an institution common to the territories of the Spanish Monarchy; it was also applied in Aragon since the time of the Catholic Monarchs. The inquisitorial criminal process and the use of torture were at odds with the customary legal systems of the Kingdom. As an instrument for the defense of the orthodoxy of the faith and an agent of the Crown, the Inquisition managed to establish itself and impose its methods, despite opposition from sectors of the Kingdom, particularly the nobility. In particular, the use of judicial torture had features in common with those used in other courts, but it also had its own characteristics, such as its application not only to crypto-Judaizers, Moriscos, or those suspected of heresy, but also to those accused of certain moral deviations.

I. Introducción

Al tratar, en un estudio de conjunto, la cuestión del tormento o tortura dentro del proceso judicial en Aragón, en la Edad Media y Moderna, es necesario prestar atención, cómo no, a una institución general de la Monarquía Hispánica de aplicación particular en Aragón. Una institución que resultaba extraña al marco político e institucional del Reino, utilizada por la Corona como instrumento de oposición al poder señorial hasta tal punto que algún autor la ha calificado de antiforal. Nos estamos refiriendo a la Inquisición Española y su vigencia en el Reino de Aragón[1].

Si bien Fernando el Católico trató de establecer una continuidad entre la antigua Inquisición pontificia y la nueva Inquisición Española en Aragón, recalcando el carácter preferentemente eclesiástico y su dependencia, en último término, de la Santa Sede, las instituciones del Reino reaccionaron con fuerza al proyecto de introducción de la Inquisición en tiempos de los Reyes Católicos[2]. Consideraban que esta nueva estructura inquisitorial contrariaba su autonomía y sus derechos recogidos en los Fueros. En teoría ya existía una Inquisición, la pontificia o medieval -aunque la realidad es que había dejado de actuar mucho tiempo antes- y por tanto no sería necesaria la introducción de una nueva Inquisición.

Asimismo, la instauración de la Inquisición iba en contra de los modos de proceder penalmente en Aragón. Uno de los aspectos en los que se confrontaba la realidad de la nueva Inquisición y el Derecho aragonés sería la aplicación del proceso de encuesta o inquisición y del tormento en el proceso judicial[3]. Las Cortes de Zaragoza con la aprobación de Jaime II habían prohibido la tortura judicial en 10 de octubre de 1325, salvo en el crimen de falsificación de la moneda u otros casos que se añadieron posteriormente, y ello debido a la prohibición del

---

[1] Son numerosos los trabajos que han prestado atención al uso del tormento o tortura judicial en el procedimiento, civil o eclesiástico. En la jurisdicción ordinaria: por ejemplo, Francisco TOMÁS y VALIENTE, *La tortura judicial en España,* Barcelona 2000, Gonzalo MARTÍNEZ DÍEZ, "La tortura judicial en la legislación histórica española" en *Anuario de Historia del Derecho Español,* nº 32 (1962). En cuanto al tormento y la Inquisición: entre otros Leandro MARTÍNEZ PEÑAS, "El tormento como instrumento jurídico del Santo Oficio", en *Revista de la Inquisición. Intolerancia y Derechos Humanos,* vol. 26, pp. 159-176.

[2] Sobre la Inquisición en Aragón, entre otros: Antonio UBIETO ARTETA, "Procesos de la Inquisición de Aragón" en *Revista de Archivos, Bibliotecas y Museos,* LXVII, núm. 2 (1959), pp. 549-599; Jaime CONTRERAS, "La Inquisición en Aragón 1550-1700" en *Estudios de Historia Social nº* 1 (1977), pp. 131-141; "La Inquisición aragonesa en el marco de la Monarquía autoritaria", en *Hispania Sacra* XXXVII (1985), pp. 489-540 y en *Revista de Historia Jerónimo Zurita,* nº 63-64 (1991) pp. 7-50; Pilar SÁNCHEZ, *El tribunal de Zaragoza 1586-1649,* tesis leída en Barcelona 1989; José Ángel SESMA MÚÑOZ, *El establecimiento de la Inquisición en Aragón 1484-1486,* Zaragoza 1987;*Jacqueline Guiral-Hadziiossif, Meurtredans la cathédrale. Les débuts de l'Inquisitiones pagnole,* París 2012; José Enrique PASAMAR LÁZARO, "Procesos inquisitoriales del Tribunal de Zaragoza conservados en el Centro Regional de Estudios Teológicos de Aragón (CRETA)", en *Revista Aragonesa de Teología*, vol. 27, nº 54 (2021), pp. 7-26; "El comisario del Santo Oficio en el distrito inquisitorial de Aragón" en *Revista de la Inquisición: (Intolerancia y Derechos Humanos)*, nº 5 (1996), pp. 303-316; "Los familiares de la Inquisición en Aragón", en *Ius fugit: Revista interdisciplinar de estudios histórico-jurídicos*, nº 2 (1993), pp. 269-280.

[3] "Ni a los clérigos puede dárseles tormento en Aragón, por sus Prelados y Jueces Eclesiásticos". Juan Francisco de MONTEMAYOR y CUENCA, *Summaria investigación de el origen y privilegios de los Ricos Hombres o Nobles, Caballeros, Infanzones e Hijosdalgo, y Señores de Vassallos de Aragón, y del absoluto poder que en ellos tienen,* México 1665, f. 216r

modo de proceder inquisitivo en la justicia penal aragonesa. Por eso la introducción de la nueva Inquisición por los Reyes Católicos fue tildada como contrafuero por los representantes del Reino de Aragón, ya que permitía prácticas como inquirir de oficio, el tormento[4], el secreto en el procedimiento, el arresto arbitrario y la confiscación preventiva de bienes del reo[5].

Esta situación general -aunque habría que tener en cuenta que algunas comunidades como Teruel y Albarracín no se sumarían al régimen general de Aragón hasta 1598- sería impugnada por la actuación de algunas justicias señoriales y locales, el arbitrio de algunos jueces o la introducción de excepciones con el tiempo. Así por ejemplo en la Comunidad de Daroca en el siglo XV se permitía el uso de la tortura, bajo determinadas condiciones, para proceder contra acusados de robo de ganado a pesar de lo dispuesto en los Fueros de Aragón, o existían algunos autores que opinaban que se podía aplicar la tortura en los casos de brujería o en otros casos considerados como delictivos. Es difícil precisar estos aspectos ante la falta de registros y documentos. Sería escasa en Aragón la documentación que acredite el recurso al tormento en la justicia ordinaria, así como, en su caso, los métodos utilizados. Testimonios difíciles de encontrar antes del siglo XVI y que aparecen en el Quinientos, quizá por la influencia del proceso de la Inquisición Española. Así por ejemplo el contrato, de 21 de abril de 1558, entre el justicia de la localidad de Acumuer y el verdugo de Jaca, Juan de Jorroje, en el que se ajusta la cantidad de dinero que recibe este último cuando se desplaza hasta Acumuer para aplicar el tormento a algún reo[6].

Como regla general los representantes políticos del Reino de Aragón demostraron desde el principio una clara animadversión hacia la nueva Inquisición y el rechazo al tormento en el proceso penal se convirtió por así decir en seña de identidad. La expresión *Negar que negarás que en Aragón estás* venía a demostrar que en Aragón no se podía aplicar la tortura judicial[7]. Así, desde el primer momento la Diputación del Reino

---

[4] "No se da en Aragón tormento. Porque claro es que si algún oficial real diese tormento al más triste labrador de la más triste aldea o cortijo del Reino, aunque no fuese natural, sino extranjero pues hubiese en que este tal podría proponer en Cortes su greuge". Jerónimo de BLANCAS, *Modo de proceder en Cortes de Aragón*, Zaragoza 1641, f. 65r.

[5] DIOCHON, Nicolas "El establecimiento del Santo Oficio en Aragón y las prácticas supersticiosas: particularidades y figuras aragonesas", en *Hispanística XX*, nº 26 (2009), pp. 53-72, pp. 55 y 59.

[6] CHARAGEAT, Martine "La torture dans le royaumed'Aragon en droit et en justice (XIVe-XVIe s.)" en *Clio& Crimen*, nº 15 (2018), pp. 29-42, pp. 30 y 37-38.

[7] RAMÓN, Luis P. *Diccionario popular universal de la lengua española, artes, biografía, ciencias, historia, geografía, literatura y mitología,* Barcelona 1883, t. 1, p. 824

en 1484 advirtió a las elites de Aragón -por ejemplo, al duque de Hijar- de los modos de la Inquisición, y en concreto, de la utilización del tormento. La reacción en Aragón al establecimiento de la Inquisición fue de las más firmes y decididas, pero la posición del monarca estaba bien fundada moral y jurídicamente, y defendía la validez y pertinencia de la Inquisición, que en su opinión no transgredía la legislación foral de Aragón. No se entendía así en Aragón cuando la Diputación del Reino envía una embajada al rey en noviembre de 1484 quejándose del carácter antiforal de la nueva Inquisición, de la introducción de un proceso penal inquisitivo contrario al del Reino, de la actuación de un inquisidor general extranjero y de la exención de los ministros de la Inquisición de las justicias ordinarias del Reino. Desde la Corte simplemente se argumentaba el superior interés de combatir eficazmente la herejía y haber contado para ello con la aprobación de Roma. Los inquisidores, nombrados por el rey por delegación del Romano Pontífice, presentaban sus credenciales a las autoridades eclesiásticas y los inquisidores, que no eran aragoneses, eran comisionados por el General de la Orden como había pasado antes sin que se considerase una contravención de los Fueros[8].

Tras el asesinato del inquisidor Pedro de Arbués en 1485 la respuesta del rey Fernando el Católico fue firme y entre otras cosas supuso el claro refuerzo de la nueva institución con todas sus consecuencias[9]: el establecimiento efectivo de la Inquisición en Aragón y la aplicación de sus modos de proceder, incluida la tortura judicial[10]. Así lo expresó claramente y así lo ejecutaron sus servidores como el inquisidor general fray Tomás de Torquemada, y los inquisidores del tribunal de Zaragoza establecido en el palacio de la Aljafería. La resistencia ante la nueva institución sería vencida argumentando la necesidad de la nueva Inquisición para la salvaguarda de la ortodoxia católica y la extirpación de la herejía pues "...en ninguna cosa puede ser Dios tan servido ni aquel Reino tan beneficiado como en corregir tan abominable delito". Y ello, aunque los inquisidores fueran nombrados por el rey -ya que lo hacía por delegación del Sumo Pontífice- y en el proceso penal inquisitorial se permitieran actuaciones contrarias a las formas del Derecho en Aragón como el secreto del sumario inquisitorial, la libertad con la que los inquisidores dictaban autos de prisión, la desprotec-

---

[8] CONTRERAS, "La Inquisición aragonesa", pp. 16-17.

[9] Sobre el inquisidor Pedro de Arbués, José Enrique PASAMAR LÁZARO, "San Pedro Arbués, canónigo de Zaragoza e inquisidor de Aragón", *en Aragonia Sacra*, nº 28 (2025), pp. 206-250.

[10] Casi todos los autores implicados en el asesinato procesados por la Inquisición fueron sometidos a tormento, como Sancho de Paternoy, maestre racional, condenado a cadena perpetua ya que su culpabilidad no quedó asegurada: confesó bajo tormento pero luego se desdijo. Lo mismo sucedió con Brianda de Bardají. *Henry Charles LEA, Historia de la Inquisición Española, Madrid* 2020, vol. I, p. 290.

ción del acusado, las confiscaciones preventivas de bienes y la utilización de la tortura judicial[11].

La oposición inicial que en Aragón y Cataluña encontró el establecimiento de la Inquisición fue así vencida, pero esto no significó la benevolencia de aragoneses y catalanes con la nueva institución. Durante los siglos XVI y XVII la oposición al Santo Oficio continuó. Poco a poco se consiguieron algunas concesiones. Por ejemplo, el dominico Juan de Enguera, valenciano, fue nombrado en 1507 inquisidor para los territorios de la Corona de Aragón, distinguiendo así la Inquisición en Castilla y en Aragón[12]. En las Cortes de Monzón de 1512 se plantearon abiertamente algunos abusos de la Inquisición. Aunque en un primer acuerdo entre el Rey y el Reino pareció que Fernando atendía las peticiones y quejas aragonesas, volviendo al respeto del Derecho aragonés y a la situación de la Inquisición medieval, la intervención del papa León X exoneraba a los inquisidores y les respaldaba en el cumplimiento de su misión, superior a las leyes del Reino[13].

Sobre todo, la nobleza aragonesa intentó que la Inquisición quedara encuadrada en el marco foral del Reino, para evitar que se extralimitara en sus funciones y pudiera afectarles, de algún modo, al extender su actividad a la persecución, como por otra parte sucedería, de desviaciones morales o de costumbres, cuya competencia correspondería a los tribunales eclesiásticos ordinarios y no a la Inquisición. Se quiso limitar la actividad de los inquisidores para combatir la herejía judaizante y restringir, igualmente, el nombramiento excesivo de familiares y otros ministros del Santo Oficio, dotados de numerosos privilegios, entre otros el de sustraerse a la jurisdicción ordinaria aragonesa, tanto civil como criminal. A lo largo de las décadas siguientes y hasta llegar a la Concordia de 1568 desde la Diputación del Reino y las Cortes se luchó por controlar el número y nombramiento de familiares en Aragón, o al menos reducir su estatus privilegiado en sucesivos pactos y acuerdos con la Monarquía, en 1512 y 1518[14].

---

[11] *CONTRERAS, "La Inquisición aragonesa", pp. 14, 16-17.*

[12] Enguera había sido confesor de Fernando el Católico y de la reina Germana, embajador en Francia, capellán mayor sustituyendo a Diego de Deza, obispo de Vich en 1505 y dos años después el papa Julio II le nombraría el 4 de junio inquisidor general para la Corona de Aragón. En 1510 fue nombrado obispo de Lérida y en 1512 de Tortosa. Falleció el año siguiente. Teresa SÁNCHEZ RIVILLA e Isabel MENDOZA GARCÍA, voz Juan de Enguera, en *Historia Hispánica de la Real Academia de la Historia,* https://historia-hispanica.rah.es/biografias/15404-juan-de-enguera, consulta de 15 de octubre de 2025.

[13] Decía un inquisidor de Zaragoza que ni fuero ni Cortes no tienen vigor ni fuerza en las causas de la Inquisición por ser su jurisdicción eclesiástica y la superior de ellas. CONTRERAS, "La Inquisición aragonesa", p. 18.

[14] "Que los inquisidores no se entrometan con los diputados ni con sus oficiales en sus derechos ni en las imposiciones de las ciudades, villas y comunidades". CONTRERAS, "La Inquisición aragonesa", pp. 19-22.

En sus quejas contra los inquisidores, los aragoneses denunciaban la ampliación de causas de la Inquisición. Entendían como de su jurisdicción, y no de los tribunales inquisitoriales, delitos como la usura, la bigamia o la superstición[15]. A pesar de las quejas y objeciones del Reino, de los intentos de limitar las funciones de los inquisidores y de los acuerdos con el Rey, la progresión de crecimiento de la nueva Inquisición continuó durante el siglo XVI, y a la persecución de judaizantes se uniría la de los moriscos, alumbrados y grupos de protestantes, extendiendo sus competencias también a la represión de la heterodoxia en todas sus formas, incluyendo desviaciones morales y aplicando el modelo inquisitivo penal y la tortura judicial. Los inquisidores actuaron en Aragón con la legitimidad que les daba su alta función -guardar la ortodoxia de la fe católica- y el respaldo expreso de la Monarquía a través del Consejo de la Suprema Inquisición.

La animadversión de los aragoneses se centró especialmente en una figura: la de los familiares de la Inquisición. Estos representaban al Santo Oficio en las ciudades y lugares. En 1552 eran 145 los familiares -siete años después suben a 257- y 17 los comisarios inquisitoriales en Aragón. Si bien estos se eligen entre miembros del clero -canónigos o abades- aquellos proceden del tercer estado: artesanos, mercaderes, escribanos, etc. Aunque la pretensión de los inquisidores es que hubiera familiares repartidos por todo el Reino, llegando incluso a los rincones rurales más apartados[16], la realidad es que fue muy difícil cubrir convenientemente esta red. Familiares que se encuentran principalmente en las ciudades más importantes, Zaragoza, Huesca, Lérida, Barbastro, Teruel o Tarazona, actuando como agentes de la Inquisición, pero también del Rey. La tensión entre estos servidores de la Inquisición y las autoridades y justicias del Reino fue habitual y causa de conflictos. Los tribunales de Zaragoza y Barcelona, entre 1560 y 1614, fueron de los primeros, -primero y tercero respectivamente- en presentar causas de oposición ante el Consejo de la Inquisición: 477 en el tribunal de Zaragoza y 268 en Barcelona. Se trata de insultos o faltas de respeto a los inquisidores, pero también actos que facilitaron la evasión de reo so que obstaculizaban la actividad de los tribunales.

---

[15] CHARAGEAT, Martine "La torture", p. 34. Bartolomé BENNASSAR, "La Inquisición de Aragón y los heterodoxos", en *Revista de Historia Jerónimo Zurita,* nº 63-64 (1991), pp. 87-92, p. 92.

[16] "Fuera de Zaragoza es muy importante que haya familiares; en cada lugar pequeño por lo menos uno y en los mayores tres y cuatro, y en las ciudades, para favor de los comisarios media docena". CONTRERAS, "La Inquisición aragonesa", p. 25.

Como en los demás tribunales la actuación de la Inquisición en Aragón durante los primeros tiempos del reinado de los Reyes Católicos fue especialmente dura contra los falsos conversos procedentes del judaísmo. Según los datos de Lea en la primera etapa de la Inquisición en Aragón, desde 1484 a 1502, de las 614 personas sentenciadas, la mayor parte fueron condenadas a muerte, y la pena ejecutada en persona o en efigie. Casi todos los casos como en el resto de tribunales sería por criptojudaizar. Las principales familias conversas de Zaragoza, Tudela y Teruel -Santángel, Sánchez, Tamarit, Ram, de la Badia, Belenguer, de Almazan, Gelva, Crillas, Esplugas- fueron diezmadas incluyendo a muchas mujeres[17].

En este contexto, el tormento fue un medio de prueba extraordinario en el proceso inquisitorial, pero característico del mismo, por influencia del Derecho penal ordinario. La Inquisición, romana y española, se sirvió de mecanismos jurídicos que se utilizaban en la jurisdicción ordinaria. El recurso a la inquisición procesal sobre la forma de acusación resultaba muy eficaz para que la Monarquía pudiera ejercer una suerte de control social y político. Es decir, en un proceso que primaba la fase inquisitiva y cierta arbitrariedad judicial, se defendía el principio del secreto en sus actuaciones, la búsqueda de la confesión del reo se convertía en un objetivo prioritario, con o sin recurso al tormento, pero en cualquier caso la tortura judicial estaba, en su concepción de la realidad, más que justificada para conseguir la confesión de la culpa[18]. A su vez sabemos que, en su estructura y funcionamiento, la Inquisición Española tuvo distintas características en unos territorios y otros. Nos planteamos aquí si los tribunales de la Inquisición en Aragón tuvieron alguna peculiaridad -sabemos que estas particularidades se dieron en otros aspectos, por ejemplo, el nombramiento de familiares[19]- en la aplicación del tormento en los procesos inquisitoriales realizados en Aragón.

El recurso a la tortura judicial, cuando no había pruebas suficientes o existían contradicciones, se consideró aceptable hasta la llegada de los tiempos modernos, para lograr la confesión o para señalar la inocencia del reo si resistía al tormento, una vez superado el uso de la ordalía o juicio de Dios. Era un modo también de rebajar las responsabilidades de los jueces. El tormento como medio de prueba se encuentra regulado por el Derecho Romano. En el Código Teodosiano se recogen más de

---

[17] BENNASSAR, "La Inquisición de Aragón", p. 90.

[18] LEA, *Historia de la Inquisición Española*, vol. II, XX-XXI.

[19] PASAMAR LÁZARO, José Enrique "La Inquisición en Aragón: los familiares del Santo Oficio", en *Revista de Historia Jerónimo Zurita,* nº 65-66 (1992), pp. 165-189.

veinte constituciones imperiales que lo regulan. Casi siempre se refieren a su aplicación en el caso de delitos muy graves, de lesa majestad, y en estos casos, sin atender a la condición social del reo. La legislación visigoda heredó la normativa romana si bien suavizando en la práctica su vigencia ya que sólo se permitía aplicar la tortura judicial a los siervos o en especiales circunstancias. En la legislación cristiana altomedieval no se registra el uso del tormento, quizá por la debilidad del monarca ante los hombres libres y nobles para imponer su aplicación y por la falta de una normativa procesal refinada que garantizase mínimamente acudir a este recurso en los procesos[20].

Sería por influencia del Derecho Común cuando, a partir de la Baja Edad Media, se incluiría en la legislación de los reinos la referencia al tormento judicial como medio de prueba. Así se dispone, por ejemplo, en el *Espéculo* o en las *Partidas* con Alfonso X en Castilla, si bien en la Corona de Castilla no se aplicó la Inquisición pontificia y el mismo rey exigía que la confesión fuese voluntaria y si se obtenía mediante tortura debiera ser ratificada en libertad tiempo después sin intervención de tormento[21]. Ya desde entonces, siglo XIII, se recogió la necesidad de que el reo ratificase o no, tiempo después de haber sido sometido a tortura judicial o a la amenaza de tormento y sin la aplicación de presiones y amenazas, lo que había declarado bajo tortura judicial. Y esto por el gran valor que se otorgaba en el procedimiento a la confesión que sólo podía servir si era voluntaria y nunca obtenida bajo las penas del tormento.

Autores cristianos como San Agustín o romanos pontífices como Gregorio Magno y Nicolás I habían condenado el tormento ya que iba contra la libre voluntad de la persona, a la que se privaba de elección en orden a su salvación eterna cuando confesaba bajo penas físicas. Moralistas y confesores como fray Pedro de León advirtieron que el tormento aplicado durante excesivo tiempo podía provocar errores judiciales, ya que el reo prefería confesar y declarar ser culpable antes que seguir soportando los sufrimientos. Sin embargo, la introducción de la tortura judicial en los ordenamientos civiles occidentales por influencia del Derecho Común también se extendió a la legislación canónica, en concreto, a la inquisitorial. Quizá también tuviera influencia en este cambio la presencia, cada vez más numerosa e importante, de movimientos heterodoxos en el seno de la Europa cristiana bajomedieval que debían ser combatidos y perseguidos con medios específicos como los

---

[20] Seguimos la exposición de Gonzalo MARTÍNEZ DÍEZ, "La tortura judicial".

[21] LEA, *Historia de la Inquisición Española,* vol. II, pp. 497-498.

tribunales inquisitoriales y el proceso inquisitorial. Algunos autores han puesto en relación el recurso al tormento con la aplicación de las ordalías altomedievales. Si bien desaparecida en el ordenamiento canónico, el uso del tormento mantenía cierto aire de ordalía a la confesión del reo obtenida bajo estas circunstancias.

De esta manera la Iglesia, el Papa Inocencio IV, autorizó el recurso al tormento en los procesos eclesiásticos con determinadas condiciones, y se mantuvo, al menos teóricamente, hasta su prohibición definitiva en 1816 por el papa Pio VI. En cualquier caso, la aplicación de la tortura judicial siempre estuvo bajo estricta regulación. La constitución *Ad Extirpanda* disponía que no se podía provocar la muerte ni la mutilación del reo al aplicarle el tormento, y en los manuales para inquisidores con frecuencia se plantea la conveniencia de no aplicar el tormento, salvo casos verdaderamente necesarios. ¿Qué casos? Cuando los reos no colaboraban, no contestaban a las preguntas de los inquisidores, o presentaban diferentes versiones variando sus declaraciones ante los jueces. Era preferible, antes que aplicar el tormento, someter al reo a otro tipo de presión, como por ejemplo permanecer encarcelado privado de libertad, y en cualquier caso, si había que aplicar la tortura judicial, hacerlo con moderación y sin derramamiento de sangre. Pero esta era la teoría, la realidad podía ser mucho más cruel. Durante la persecución a los cátaros albigenses los inquisidores pontificios acudieron con frecuencia, y sin atender a las llamadas a la moderación arriba apuntadas, al tormento procesal. Estos abusos suscitaron críticas y denuncias y provocaron la intervención de la Santa Sede, mediante constituciones como *Multorum Querela* y *Nolentes*, del papa Clemente V, para controlar el poder de los inquisidores[22].

A pesar de que ciertas posturas sensacionalistas han presentado la cámara de tortura inquisitorial como un lugar de práctica de conductas especialmente crueles, donde se infligían a los reos castigos arbitrarios y se buscaba la confesión del acusado por cualquier medio. Lo cierto es que, como apuntan historiadores de la Inquisición como Lea, la Inquisición no introdujo el tormento en el sistema judicial. Ya estaba presente en la jurisdicción penal ordinaria y como hemos visto, procedía del Derecho Romano. Si bien hubo abusos, por regla general, se puede afirmar que la aplicación del tormento en los tribunales inquisitoriales fue más benévola y probablemente también, menos frecuente[23].

---

[22] MARTÍNEZ PEÑAS, "El tormento", pp. 160-162.

[23] MARTÍNEZ PEÑAS, "El tormento", p. 175.

II. Inquisición Española y tormento

La Inquisición Española, establecida en tiempo de los Reyes Católicos y extendida a todos los territorios de la Monarquía, siguió en un principio los principios y modos de la Inquisición de la Edad Media o pontificia, pero a lo largo del tiempo desarrolló su propia estructura y normativa. Según ha establecido la historiografía dedicada al estudio de la Inquisición Española, hasta mediados del siglo XVI la mayoría de reos fueron conversos acusados de criptojudaizar, y teniendo en cuenta la actividad de todos los tribunales, entre 1540 y 1700 la mayor parte de los encausados por la Inquisición fueron cristianos viejos y el resto fueron alumbrados y protestantes, judíos y moriscos. En el siglo XVIII la proporción sería menor y según las alegaciones fiscales sólo 486, el 11,61%, son acusaciones de heterodoxia. En cualquier caso, las penas más duras y también la aplicación del tormento durante el proceso se reservó a los falsos conversos, moriscos, judeoconversos, y en menor medida herejes. Especialmente severos fueron los tribunales de la Corona de Aragón y en concreto el de Zaragoza, donde se persiguió asimismo con crudeza la sodomía y la bestialidad, con aplicación también del tormento[24].

En su caso el tormento tuvo carácter de recurso procesal extraordinario, medio excepcional de prueba, decidido por el tribunal singularmente y que debía ser supervisado en su ejecución por el ordinario del lugar o su delegado, presente junto a los inquisidores, como dispusiera Clemente V.Por otra parte, era normal que los tribunales inquisitoriales tuvieran jurisdicción sobre el territorio de varias diócesis, por lo que se podían producir problemas a la hora de nombrar a estos delegados del ordinario del lugar para asistir a las sesiones de tormento. Se hizo habitual que los obispos delegaran en una persona residente en la sede del tribunal. La Inquisición intervino para determinar la calidad de estos delegados -debían ser clérigos- ya que en ocasiones se nombró a laicos, y finalmente no fue extraño que se delegase esta función a alguno de los mismos inquisidores[25].

La tortura judicial tenía carácter de medio de prueba, nunca sentido punitivo. Se trataba de averiguar la verdad en un determinado caso y no de castigar al acusado. El tormento podía ser prescrito habitualmente en dos momentos del proceso. Uno y principal, cuando se habían agotado los demás medios de prueba y no se había obtenido fruto para determinar la culpabilidad del acusado, pese a la importancia de los indicios.

---

[24] BENNASSAR, "La Inquisición de Aragón", pp. 87-88.

[25] LEA, *Historia de la Inquisición Española,* vol. I, p. 624.

En este caso el fiscal en su escrito podía solicitar el recurso al tormento al finalizar los medios de prueba. En segundo lugar, los inquisidores podían acordar, de manera excepcional, someter al reo a tormento cuando después del primer interrogatorio hubieran encontrado contradicciones o mentiras flagrantes, o a través de una sentencia interlocutoria promulgada al final de la fase probatoria. En este caso, el fiscal o la junta de consultores, terminada la fase de prueba, solicitan someter a tormento al reo, el tribunal debía aprobarlo, se abría audiencia al reo antes de dictar una sentencia interlocutoria de tormento que, en parte, era una amenaza ya que se le conminaba a confesar para evitar la tortura. La sentencia debía ser escrita y expresar las motivaciones por las que se establecía. El reo podía apelar. La apelación era resuelta por los mismos inquisidores que, normalmente, la rechazaban. A partir de 1633 por carta acordada del Consejo de Inquisición se fijó que las sentencias de tormento, antes de ser ejecutadas, debían ser remitidas al Consejo para ser revisadas y en su caso ratificadas. Por último, el tormento podía ser en cabeza ajena -*in caput alienum*- cuando se aplica al reo para obtener información sobre otras personas, en este caso cuando ya había confesado su culpa, o en cabeza propia cuando se obtiene información sobre el mismo reo[26]. El tormento *in caput alienum* fue una práctica común en el procedimiento en occidente. En la Inquisición en España fue poco común a diferencia de lo que sucedió en la Inquisición pontificia o romana[27], si bien encontramos ejemplos de esta práctica también en el tribunal inquisitorial de Zaragoza, por ejemplo con Francisco Pineyro, judío y judaizante que fue sentenciado en auto público de fe el 21 de febrero de 1639 condenado a 200 azotes y vestir hábito y cárcel perpetua, además de otras penitencias señaladas por el tribunal. Había sido sometido a tormento *in caput alienum* por dos veces[28].

El tratamiento del tormento por parte de la historiografía suele inclinarse por reconocer que este medio de prueba fue excepcional y no la norma en los procesos inquisitoriales. En cuanto a su valoración ya Charles Lea señaló que la práctica del tormento fue una práctica general en el proceso penal de la época, y que la comparación de la Inquisición Española en este aspecto con la Inquisición de la Edad Media o pontificia resultaba favorable a aquella[29]. Hay pocas referencias en

---

[26] MARTÍNEZ PEÑAS, "El tormento", pp. 162-163, 167.

[27] LEA, *Historia de la Inquisición Española,* vol. II, p. 507.

[28] PASTOR OLIVER, Marta María *El tribunal inquisitorial de Zaragoza, bajo el reinado de Felipe IV*, tesis doctoral Zaragoza 2010, dirigida por José Antonio Salas Auséns, p. 194.

[29] LEA, *Historia de la Inquisición Española, vol.* I, XXVIII.

la primera época de la Inquisición, y por ejemplo en el tribunal de Toledo hasta 1530 en las primeras cinco décadas de actuación inquisitorial se dictaron 26 autos de tormento[30]. En Ciudad Real de 400 conversos procesados entre 1483 y 1485 se sometió a tormento a sólo dos reos, quizá por la eficacia de los edictos de gracia en estos primeros tiempos de la Inquisición. Desde 1530 aumenta el recurso al tormento sin convertirse todavía en práctica generalizada. En Granada, entre 1573 y 1577, de 256 acusados se sometió a tormento a 18, En Sevilla entre 1606 y 1612 de 184 se aplicó el tormento a 21. En los casos especialmente graves -herejes, judaizantes- la tortura judicial se aplica con mayor frecuencia. Así cuando en 1624 se enjuician en Valladolid once casos de protestantismo y nueve como judaizantes en 1655 todos los acusados son sometidos a tormento. Puede haber tribunales especialmente severos como el de Lima que entre 1635 y 1639 aplicó el tormento a casi todos los reos. Contrasta con otro tribunal americano, el de Cartagena de Indias, donde sólo se aplicó el tormento a 6 de 82 reos procesados a lo largo de su historia[31].

Finalmente, el recurso al tormento dentro del procedimiento inquisitorial fue escaso en el siglo XVIII y desaparecería legalmente en 1814 en España. Cuando Fernando VII restablece formalmente la Inquisición en ese año establece que ninguna autoridad judicial en el Reino recurra a medios de presión o torturas para obtener la confesión de los acusados o testimonios de los testigos. El Papa Pio VII por un breve de 31 de marzo de 1816 suprimía el tormento en los procesos eclesiásticos[32].

III. El tormento en la Inquisición de Aragón

En los reinos de Aragón como hemos señalado estuvo vigente la Inquisición romana o pontificia en la Edad Media. Sabemos que en este procedimiento inquisitorial se aplicaba la tortura. En cuanto a la Inquisición Española en Aragón existen algunas características propias que definen al tribunal de Zaragoza. En Aragón destaca, al igual que en Valencia o Granada, la persecución a los moriscos que

---

[30] De las actas del tribunal de Toledo de entre 1575 y 1610 se deduce que durante este período se juzgó a cuatrocientas once personas por faltas de herejía. De ellas el tormento se aplicó una vez en ciento nueve casos, y dos veces en ocho.En dos casos se suspendió por desmayo del reo. En siete la confesión se obtuvo antes de aplicar el tormento. Hubo también cinco casos en que el reo fue puesto in conspectu tormentorum. Se utilizó el tormento en un 32% aproximadamente de los procesos de herejía. LEA, Historia de la Inquisición Española, vol. II, pp. 529-530.

[31] MARTÍNEZ PEÑAS, "El tormento", pp. 163-164, 176.

[32] LEA, *Historia de la Inquisición Española*, vol. II, pp. 530-531.

tuvo una gran importancia, por la presencia de numerosas comunidades, especialmente en el valle del Ebro[33].

El morisco podía atraer a la Inquisición por sus prácticas heterodoxas y la Inquisición podía colisionar con los señores celosos en la protección de sus vasallos moriscos, amparados por el Derecho del Reino. Tras las conversiones masivas de 1524 y 1525 se produjo la Concordia de 1526 aprobada en las Cortes de Monzón de 1528. La Inquisición se comprometió a no proceder contra los moriscos por un período de 40 años. Sin embargo, el Santo Oficio encontró modos de proceder contra los moriscos durante este tiempo en Aragón y las quejas de la nobleza aragonesa fueron constantes. Las condenas contra los moriscos acarreaban muchas veces confiscación de bienes. Según el Derecho de Aragón esos bienes corresponderían al señor como representaba explícitamente el Conde Belchite: "todos los bienes confiscados en la mi villa de Híjar de cualesquier persona por cualquier crimen de herejía como otro cualquiera me pertenecen por fuero de Cortes". ¿Qué hizo el Santo Oficio?, sustituir las penas de confiscación por multas pecuniarias que tenían el mismo resultado. A pesar de las protestas en las Cortes, la Inquisición siguió con sus prácticas[34].

Desde mediados del siglo XVI los inquisidores aragoneses pusieron especial empeño en llevar su actividad al ámbito rural, para lo que favorecieron la presencia de familiares en los pueblos, singularmente en aquellos con una fuerte presencia morisca y lugares de señorío, como Borja, Mores, Osera, Fuentes de Jiloca, Villafeliche, Ariza, Ateca, Torrellas, Calanda, Alcañiz, Pina, etc. En tierras de moriscos resultaba muy difícil la presencia de ministros de la Inquisición. Familiares y comisarios podían correr riesgo, incluso en sus vidas, por cumplir con su misión. En Foz-Calanda un motín de moriscos en 1576 había terminado con la muerte del vicario del lugar. Su sucesor era también comisario del Santo Oficio. Denunciaba las amenazas que había recibido y temía por su vida: "... vuestra señoría sírvame abrazarme y hacer asegurar mi persona que estoy entre enemigos que claramente me dicen que me han de matar". La amenaza se cumplió algunas veces. El 29 de junio de 1559 tres familiares de la Inquisición fueron heridos de muerte en Plasencia

---

[33] En Valencia, donde el número de moriscos era mayor que en Aragón, el número de procesos contra este grupo social en la Inquisición fue similar al del tribunal de Zaragoza. Esto pudo deberse a la concentración de moriscos en algunos lugares donde eran mayoría y esto impediría las delaciones; y por otro lado, muchos moriscos gozarían de la protección de señores y nobles valencianos que se interpusieron ante los inquisidores. A esto habría que añadir las tensiones existentes en Aragón entre cristianos y moriscos. BENNASSAR, "La Inquisición de Aragón", p. 92.

[34] CONTRERAS, "La Inquisición aragonesa", pp. 39-40.

asaltados por una multitud de moriscos. Como hemos visto los asesinatos de inquisidores o ministros del Santo Oficio legimitaban a sus ojos una intervención más dura y radical. Esta vez fue la aplicación de la medida adoptada un año antes de desarmar a los moriscos. Medida de seguridad para evitar un probable levantamiento o su apoyo armado a una expedición turca o berberisca. Tal disposición iba dirigida no sólo contra los moriscos, también contra los señores de vasallos a quienes se encomendaba la ejecución de esta orden, Decreto de Desarme de 5 de noviembre de 1559[35].

De igual modo, la represión de los heterodoxos -judaísmo, islamismo, protestantismo- cobró mayor protagonismo en los tribunales de Valencia, Barcelona, Mallorca y Zaragoza, quizá por las conexiones mediterráneas o las fronterizas con Francia, donde al otro lado del Pirineo en regiones como Bearn o el Languedoc había prendido la llama de la Reforma. De todos ellos el tribunal de Zaragoza sobresalió por su intensidad. Entre 1560 y 1614 fue el más activo de toda España con 4194 causas, a pesar de que la población de Aragón era escasa, apenas unos 200000 habitantes, comparada con Cataluña, Valencia o Castilla. En resumen, la presencia morisca, la situación fronteriza con Francia, la especial represión de la sodomía y la bestialidad, y quizá la repercusión del caso de Antonio Pérez y sus seguidores en Aragón marcaron el peso del tribunal de Zaragoza.

En cuanto a las causas penales llevadas por la Inquisición en Aragón, de 153 causas criminales analizadas para el período 1621-1665 en el tribunal de Zaragoza sólo una vez se aplicó el tormento. Fue en el caso del asesinato en septiembre de 1630 de un familiar del Santo Oficio, Eliseo Pérez Villarroya. Eran dos los sospechosos del crimen, Isidoro Bernal y Rodolfo Ortubia y sólo Isidoro sería sometido al tormento, varios años después de los sucesos juzgados. Se le aplicó el potro durante más de una hora el 21 de abril de 1638, sin que confesara su culpabilidad. Fue finalmente condenado a destierro de los reinos de Valencia y Zaragoza durante diez años. De 843 causas de fe en el reinado de Felipe IV, solamente en 32 casos, el 3,8%, se aplicó el tormento, normalmente el potro o la garrucha. Garrucha y potro se emplea en 13 ocasiones, potro en siete y garrucha en cinco. Un reo confesó sin aplicar la tortura, otro fue sometido a una tortura moderada debido a sus malas condiciones físicas[36].

---

[35] Decían los inquisidores "los Señores de Vasallos tenemos por cierto que se han de agraviar, pero o no ha de haber Inquisición para los convertidos o se les ha de quitar las armas y proveer de otros remedios como es quitarles los alfaquíes que así viven muchos". CONTRERAS, "La Inquisición aragonesa", pp. 27, 37 y 39-42.

[36] PASTOR OLIVER, *El tribunal inquisitorial de Zaragoza*, p. 114.

Bennassar señala razones de índole social y política que permiten a la Inquisición intervenir contra moriscos que se dedican al contrabando de caballos con Francia o portan armas y se les acusa de connivencia con los turcos[37]. O en el caso de viajeros franceses por Aragón que frecuentemente pueden caer bajo una supuesta acusación de herejía, en la medida en que en las regiones del sur de Francia los grupos protestantes eran numerosos. Bajo esa sombra de sospecha se les podía acusar ante la Inquisición y así investigar para averiguar si ejercían como espías o en realidad son contrabandistas, en cualquier caso, ejercer un control sobre los extraños[38].

Uno de esos casos es recogido por Lea citando las notas de un antiguo inquisidor, quien hacia 1640 advertía de la cautela con la que había que proceder para valorar las circunstancias en las que la confesión había sido hecha: "«He visto, añade, que el simple temor suscitado porque el fiscal pide formalmente la tortura al final de la acusación origina una confesión que necesita de tortura a su vez para determinar su veracidad". Unos años antes, en 1628, en Zaragoza un francés confesó voluntariamente que había sido luterano y que había sido reconciliado en Toledo. Cuando fue detenido expuso que su padre lo había adoctrinado en el luteranismo: también había sido reconciliado en Toledo. Tras varias audiencias el reo anuló la confesión y dijo que era falso lo que había confesado en Toledo: no era hereje, no tenía antecedentes y su familia era católica. Fue sometido a tortura, la superó y recibió condena de abjurar *de vehementi,*sufrir pública vergüenza y ser desterrado de España a perpetuidad[39].

El tribunal de Zaragoza, como todos, se dedicó antes de 1530 a combatir a los falsos conversos procedentes del judaísmo, posteriormente a perseguir moriscos y protestantes, para disminuir su actividad desde 1614. Entre este último año y 1700 sólo hubo 40 causas de judaizantes en Aragón, 16 en Barcelona y 13 en Valencia. Estos casos repuntaron en otros tribunales, como Extremadura, Madrid, Sevilla o Galicia, por la llegada de judaizantes procedentes de Portugal. Por razones obvias, la distancia, no se asentaron preferentemente en los territorios del este de la Península. Aunque sí constatamos la presencia de portugueses en Aragón, como Diego Rodríguez -portugués, judío y judai-

---

[37] "En el tema del contrabando de caballos, es al comisario a quien, de verdad más se rehúye". CONTRERAS, "La Inquisición aragonesa", p. 37.

[38] La discípula de Bennassar, ChristinaLangé, dedujo que entre 1610 y 1640 el 20% de los reos del tribunal de Zaragoza fueron franceses. BENNASSAR, "La Inquisición de Aragón", pp. 90-91.

[39] LEA, *Historia de la Inquisición Española,* vol. II, pp. 488-489.

zante- sometido por dos veces al tormento, o Simón Pineyro portugués judaizante reconciliado y condenado a un año de hábito y cárcel con confiscación de bienes: también recibió el tormento[40].

En cuanto a la aplicación del tormento en los tribunales de la Inquisición de Aragón las referencias que tenemos nos permiten afirmar características similares a las de otros tribunales, es decir, el carácter excepcional del recurso al tormento para los reos, con el uso de instrumentos como la garrucha, el potro o la cura de agua o toca, por otra parte, medios de tortura comunes en el procedimiento penal ordinario[41]. Por cierto, en Aragón el tormento de garrucha se llamaba también correola: consistía en atar las manos del reo a la espalda, se le elevaba en el aire con una polea y se le dejaba caer bruscamente[42].

Al igual que en otros tribunales también en el de Zaragoza el tormento se aplicaría a los casos más graves. En el tribunal de Toledo entre 1580 y 1620 de los reos que recibieron tormento una cuarta parte aproximadamente, 24,1%, estaban acusados de ser falsos conversos judíos, el 29,1% falsos conversos del Islam y 26% protestantes. Por tanto, casi el 80% estaban dentro de estas tres categorías perseguidas. Es decir, el tormento se aplica en aquellos casos en los que, de llegarse a dictar la culpabilidad del acusado, la pena sería especialmente grave[43]. En Aragón tuvo mayor protagonismo la persecución inquisitorial contra los moriscos, más dura que en otros territorios, como Valencia. Bennassar apunta que más del 40% de los moriscos sufrieron tormento en Zaragoza frente al 27-28% del tribunal valenciano[44].

---

[40] Diego Rodríguez compareció con insignias de reconciliado, castigado con cárcel, hábito perpetuo e irremisible, confiscación de bienes, su sentencia fue ejecutada en auto de fe el 21 de febrero de 1639, al igual que la de Simón Pineyro. PASTOR OLIVER, *El tribunal inquisitorial de Zaragoza,* p. 194.

[41] En el conjunto de procesos inquisitoriales desde 1478 hasta el siglo XIX algunos autores como Bennassar o Abellán estiman que el tormento se utilizaría en un 10% de los procesos, los de mayor gravedad como casos de falsos conversos y herejía, y no en los menos graves. MARTÍNEZ PEÑAS, "El tormento", pp. 164 y 171.

[42] "Fue puesto mosén Pedro del San Juan, denunciado...en el tormento llamado de la correola". Era una especie de polea de madera. Acta del interrogatorio bajo tortura a Pedro de San Juan, en Zaragoza a 23 de marzo de 1489. Juan Francisco SÁNCHEZ LÓPEZ, *Procesos inquisitoriales zaragozanos de fines del siglo XV. Edición y estudio lingüístico,* Zaragoza 2019, pp. 178 y 360.

[43] MARTÍNEZ PEÑAS, "El tormento", p. 164.

[44] BENNASSAR, "La Inquisición de Aragón", p. 92. Moriscos como Jerónimo Ismael, vecino de Fuentes de Ebro, acusado por el fiscal de la Inquisición el licenciado Mateo de Salcedo de vivir bajo la fe musulmana, ayunando en el Ramadán, siguiendo ritos y ceremonias islámicas y apostatando de la fe católica. Todo esto lo confesó bajo juramento. Biblioteca de las Cortes de Aragón, MS. D256, c.a. 1600. CONTRERAS, "La Inquisición aragonesa", p. 37.

En la persecución de los moriscos tuvieron un papel destacado los comisarios de la Inquisición: "sin él quedaría todo el reino desproveído en lo que toca a los moriscos". Según expuso Contreras el 80% de los procesos contra moriscos se seguían gracias a las informaciones que remitían los comisarios. Además, ratificaban testigos, prendían reos, examinaban contestes y realizaban otras muchas diligencias. Los comisarios infundían respeto a los bandoleros y no resulta extraño que autoridades como el abad de San Juan de la Peña, aspiraran al nombramiento de comisario, entre otras cosas, para combatir el bandolerismo de cuadrillas como la de Lupercio Latras. Por su parte los diputados del Reino pretendían, en las negociaciones de la Concordia de 1568, que la presencia de comisarios se redujera a unas pocas ciudades aragonesas. El Consejo de Inquisición y el tribunal de Zaragoza se opusieron a esta pretensión ya que supondría, en la práctica, la desaparición de sus actividades en buena parte del territorio: quedarían sin comisario de la Inquisición toda la comarca de Borja con 1200 casas de moriscos, la zona entre Zaragoza y Borja, toda la ribera del Jalón entre Alagón y Calatayud con más de 1500 vecinos cristianos nuevos, la ribera entre Morata y Aranda con más de 1100 vecinos convertidos del Islam, la comunidad de Calatayud, la tierra de Ariza, el campo entre Zaragoza y Daroca, entre Daroca y Calatayud donde Villafeliche tiene 400 vecinos moriscos, la zona entre Zaragoza y Mequinenza, el área de Montalbán hasta el límite con el Reino de Valencia, entre Osera y Fraga, la ribera del Cinca y el condado de Ribagorza, y las Cinco Villas[45].

Es interesante atender a los razonamientos que aportaban los inquisidores. No sólo dejaría de ser eficaz el Santo Oficio en todas esas zonas sin presencia de comisarios y escasa de familiares. La falta de presencia de la Inquisición significaría reconocer el triunfo de la nobleza señorial: "señores y caballeros principales que esto procuran que, como ellos dicen y han dicho muchas veces, allanando el Tribunal de la Inquisición y puesto en el estado de los otros jueces eclesiásticos del Reino ya no les queda otra cosa que les pueda impedir que no usen en todo y por todo de la suprema y absoluta potestad que pretenden tener". Se planteaba aquí, con claridad, la utilidad de la Inquisición como instrumento al servicio del Rey para debilitar el poder de la nobleza aragonesa[46]. La posición del tribunal de Zaragoza sería respaldada por el Consejo de la

---

[45] CONTRERAS, "La Inquisición aragonesa", p. 37.

[46] ...ninguna cosa puede quedar ya más certeramente asentada que el carácter antiseñorial del Santo Oficio. Su intervención, prepotente en el Señorío, la obstaculización que hacía de las decisiones de la Diputación y la táctica de entorpecimiento de los acuerdos de las Cortes... CONTRERAS, "La Inquisición aragonesa", p. 39

Suprema y así en el último tercio del siglo XVI y primera década del siglo XVII el número de comisarios se duplica en Aragón hasta llegar a los 71 cubriendo todo el territorio del Reino[47].

Volviendo a la utilización de la tortura judicial, a diferencia de otros tribunales inquisitoriales -donde se aplicó el tormento a judíos, moriscos y protestantes- en el de Zaragoza sin dejar de hacerlo a todos los grupos anteriores, también se sometió a tormento a los reos acusados de sodomía o bestialismo. En Castilla la Inquisición sólo tendría jurisdicción en casos de sodomía relacionados con la herejía, en la Corona de Aragón la Inquisición se haría cargo de todos los juicios por sodomía, cualquiera que fueran sus circunstancias. Navarro Martínez estudió el caso concreto de los extranjeros acusados de sodomía ante los tribunales de la Corona de Aragón: el 18,67% de los reos, 14 procesos, fueron sometidos a tormento. El tribunal de Zaragoza relajó durante los siglos XVI y XVII a 37 culpables de este delito. Fue especialmente duro en comparación con los tribunales del resto de la Corona de Aragón[48]. En Aragón, hasta 1700 se procesaron a 1292 reos, sobre todo cristianos viejos, con una gran incidencia de los condenados por homosexualidad y bestialidad que significaron el 68%[49].

Existían varios requisitos y condiciones para aplicar el tormento a un reo. Como hemos visto se podía autorizar sólo en los casos más graves. Debía existir certeza o varios indicios -contradicciones, vacilaciones y declaraciones no razonables, presencia de un único testigo, fama de hereje del acusado, etc.- de la culpabilidad del reo. En la legislación civil, por ejemplo, en las Partidas, se permitía el uso de la tortura cuando un testigo de buena fama le acusaba o era de dominio público que el reo era culpable. Era necesario también haber agotado otros medios de prueba, por eso el tormento se utiliza al final de la fase probatoria, y sólo se aplica agotada la causa y a falta de sentencia. Todas las personas con independencia de su condición personal podían ser enjuiciados por la Inquisición y por tanto aplicárseles el tormento, incluidos nobles y clérigos, excepto el romano pontífice o el rey. En la Inquisición, los menores podían ser sometidos a tormento, pero con el paso del tiempo,

---

[47] CONTRERAS, "La Inquisición aragonesa", pp. 38-39.

[48] MARTÍNEZ PEÑAS, "El tormento", p. 164. Juan Pedro NAVARRO MARTÍNEZ, "Il vizio fiorentino: La presencia italiana en los pleitos de sodomía de los tribunales del Santo Oficio de la Corona de Aragón (1550-1700)" en María Ángeles PÉREZ SAMPER y José Luis BETRÁN MOYA (Eds.), Nuevas perspectivas de investigación en Historia Moderna. Economía, sociedad política y cultura en el mundo hispánico, Barcelona 2018, pp. 456-467, pp. 461-462 y 464. En 1524 el proceso que se abre a Sancho de la Caballería en el tribunal de Zaragoza provocó la apelación a Roma y el breve de Clemente VII para habilitar a la Inquisición en Aragón a intervenir en todos los casos de Sodomía.

[49] BENNASSAR, "La Inquisición de Aragón", p. 91.

desde 1540 aproximadamente, esta circunstancia empezó a ser tenida en cuenta por los tribunales y se generalizó que a los menores de edad no se les aplicara el tormento o bien se les sometiera a un tormento menor con el uso de la férula o palmeta[50]. También si el acusado era de edad provecta[51], alegaba enfermedad o dolencia se podía retrasar o evitar la aplicación de la tortura judicial. Las mujeres embarazadas, o que habían dado a luz recientemente hasta que se repusieran del parto, tampoco podían ser sometidas a tormento. En teoría también se podía aprobar el uso del tormento a los testigos cuando su testimonio caía en contradicciones, pero fue algo muy raro en la práctica inquisitorial. No se permitía repetir la sesión de tormento, es decir aplicar la tortura más de una vez, aunque sí suspenderla y continuarla al día siguiente, con lo cual en la práctica se soslaya la prohibición de su repetición[52].

La tortura judicial requería de acuerdo por parte de los jueces inquisidores del tribunal y del obispo del lugar o en quien delegase, y debían encontrarse presentes, junto con un secretario y un médico -que inspecciona antes y después del tormento al reo-, en el lugar donde se aplicaba el tormento. Con el tiempo se aceptó que los inquisidores estuvieran solamente presentes al comienzo de la sesión de tortura. El obispo como hemos dicho solía delegar en otra persona, que podía ser uno de los propios inquisidores. En ocasiones bastaba con la amenaza del tormento para obtener la confesión del reo, pero siempre debía confirmarla o no más tarde, como sucedería si se le hubiera aplicado realmente la tortura. En cuanto a la aplicación efectiva del tormento, este sólo podía serlo en una sola sesión que no debía durar más de una hora, desde el momento en que el reo era llevado a la cámara de tortura, situada normalmente en los sótanos de la sede del tribunal de la Inquisición. Todo esto según había establecido en una bula el papa Paulo III. La disposición de los actores intervinientes y el escenario eran sumamente intimidatorios para el reo. Aunque hay personal de la Inquisición como el comisario que pueden ejercer la tortura[53], lo normal es que exista una

---

[50] En 1607 en Valencia a un niño morisco de diez u once años se le amenaza de tormento sin ejecutarlo, sin embargo, a una joven de trece sí se le aplicó la tortura. LEA, *Historia de la Inquisición Española,* vol. II, p. 509.

[51] En estos casos parece que la práctica fue aplicar la amenaza de tormento, *in conspectu tormentorum*, y no ejecutarla materialmente. LEA, *Historia de la Inquisición Española*, vol. II, p. 508.

[52] NAVARRO, Juan Pedro "Ilvizio", p. 464. MARTÍNEZ PEÑAS, "El tormento", pp. 165-167, 172.

[53] En la descripción de funciones atribuidas a la figura del comisario se incluye la de torturar para conseguir declaraciones, junto a recibir todas las delaciones, informaciones y acusaciones, proceder contra quien considere oportuno, citar a los delincuentes y testigos, prender, retener, recibir testimonios y confesiones, examinarlos y a llamar a testificar, encarcelar, convocar a los expertos y hacer todo lo que el inquisidor podría hacer si estuviera físicamente presente. PASAMAR, "El Comisario del Santo Oficio", p. 194.

persona, el verdugo, que se encarga de esta tarea. Habitualmente es el verdugo del tribunal civil local quien aplica el tormento en el proceso inquisitorial[54]. Antes de iniciarlo los inquisidores se dirigen al reo conminándolo a confesar. Por tanto, se advierte al reo, se dicta la sentencia, se le baja a la cámara, es desnudado, puesto en el potro o en otro instrumento de tormento, se le vuelve a advertir y si persevera en su negativa a confesar se le aplica la tortura. No resultaba extraño que ante la simple admonición y a la vista del tormento algunos reos confesaran. Entre 1575 y 1625 para el tribunal de Toledo de 117 casos estudiados siete confesaron antes de recibir tormento.

Terminada la sesión de tormento se recogen por escrito los distintos detalles, como la hora en que empezó y terminó, para calcular el tiempo que debe transcurrir para producirse la ratificación posterior de lo declarado bajo tortura, se incluye también una relación del modo en que se ha aplicado el tormento: con garrucha, si se utilizan pesos o grillos, cuántas veces es levantado el reo y se le deja caer; con el potro cómo se le ligan piernas y brazos con cuerdas, o cuántas vueltas de torno recibe; si es toca de agua cuántos jarros del líquido se vertieron. Se recoge otra información como las preguntas que se le hicieron bajo tormento, lo que respondió, etc. El reo acude ante el tribunal en la sala de audiencias, se le lee su declaración o confesión, si la hubo, y se dicta auto para que transcurridas al menos veinticuatro horas ratifique dicha declaración o confesión. Lo declarado bajo tormento sólo tenía valor probatorio si era ratificado posteriormente, al menos transcurrido un día desde su aplicación. ¿Qué sucedía si el reo se retractaba o se contradecía? Para algunos se le podía volver a someter a tormento, hasta un máximo de tres sesiones. Para otros autores se debe proceder como en los demás casos en los que el delito se considera no probado plenamente: imponerle la abjuración pública del error del que es acusado y que cumpla una penitencia fijada según su criterio por el tribunal. En aquellos casos en los que el reo no confesaba durante el tormento según la normativa inquisitorial, como las *Instrucciones* de Valdés de 1561, habría que tener en cuenta circunstancias como la edad del reo o la intensidad de la tortura. Los jueces, si consideran que existen indicios de culpabilidad y según su arbitrio, podrían imponer algún tipo de pena menor: abjuración, sanciones económicas, pero nunca aplicar penas graves como la pena de muerte o la confiscación de bienes[55].

---

[54] En ocasiones, sobre todo a comienzos de la Inquisición, actúa como tal el carcelero. LEA, *Historia de la Inquisición Española,* vol. II, p. 106.

[55] MARTÍNEZ PEÑAS, "El tormento", pp. 165, 169-170, 173-174.

Por otro lado, en el ambiente de venalidad de la época no fue extraño que ministros de la Inquisición fueran condenados por haber aceptado sobornos para suavizar las condiciones de la prisión, o en el caso del verdugo por simular la aplicación del tormento en el uso de los instrumentos que estaban bajo su mano. Por ejemplo, en Toledo en 1591 el alcaide Francisco Méndez de Lema y su primo Miguel de Jea fueron condenados por dejar abiertas las puertas de la cárcel inquisitorial y permitir la comunicación de los presos[56]. Casos parecidos ocurrieron también en Aragón. Maese Domingo Hernández, natural de Villafranca del Bierzo, era verdugo en la ciudad de Zaragoza. Fue procesado por impedir la actividad de la Inquisición y por aceptar el soborno de unos portugueses para que no ejecutase lo mandado por el tribunal. En concreto simulaba aplicar la tortura haciendo como que apretaba y daba vueltas a los cordeles del potro. Por estas culpas sería condenado a recibir 200 azotes en auto público de fe y a cinco años de galeras. La sentencia fue ejecutada el día 21 de febrero de 1639[57].

Para terminar, la Inquisición Española en Aragón se estableció y desarrolló como un instrumento al servicio de la salvaguarda de la ortodoxia de la fe y del Rey. Por la naturaleza de su fin encontró el apoyo de la Monarquía Católica y se situó por encima del sistema foral aragonés. Los constantes enfrentamientos que tuvo con los representantes del Reino y singularmente con la nobleza aragonesa desembocaron tras la Concordia de 1568 en la victoria del Santo Oficio y en la aceptación resignada por parte de las autoridades aragonesas. Los ministros de la Inquisición se vieron amparados por la Inquisición bajo su jurisdicción civil y criminal, sustrayéndose a la acción del Justicia de Aragón y los demás tribunales del Reino. En cuanto al procedimiento penal del Santo Oficio, como exponía el inquisidor licenciado Molina Medrano "era necesario... para la pesquisa de los delitos graves y atroces y no como por los fueros y observancia se provee que no hay pesquisa ni tormento sino que las causas se lleven a instancia de parte"[58].

La aplicación del tormento en el proceso inquisitorial en los tribunales aragoneses siguió, en cuanto a su práctica, los parámetros establecidos originariamente para la Inquisición pontificia o medieval o para la Inquisición Española, según lo establecieron los manuales de inquisidores, la normativa inquisitorial específica o lo ejecutado en

[56] LEA, Historia de la Inquisición Española, vol. II, p. 417.

[57] PASTOR OLIVER, *El tribunal inquisitorial de Zaragoza,* p. 195.

[58] CONTRERAS, *"La Inquisición aragonesa"*, p. 50.

los tribunales de otros lugares de la Monarquía. Si bien en Aragón se pueden exponer algunas particularidades como lo relativo a la especial significación que tuvo en el Reino la cuestión morisca, la presencia de extranjeros acusados o sospechosos de herejía, singularmente procedentes de Francia, y la extensión de las competencias de la Inquisición en Aragón a la persecución de conductas inmorales -sodomía y bestialismo- que quedaban fuera de su acción en otros tribunales.

- 7 -

La prohibición de la tortura en los tratados y tribunales internacionales

Natividad Fernández Sola

Resumen. El texto analiza la evolución jurídica y práctica de la prohibición absoluta de la tortura en el Derecho Internacional y su aplicación por los tribunales internacionales. A partir de la experiencia histórica de la tortura judicial, se examina su abolición y posterior consagración en instrumentos universales como la Declaración Universal de los Derechos Humanos, el Pacto Internacional de Derechos Civiles y Políticos y la Convención contra la Tortura de 1984. La autora subraya la naturaleza imperativa *(Ius Cogens)* de esta norma y la responsabilidad de los Estados en su prevención, sanción y erradicación. Asimismo, se revisan casos contemporáneos de vulneración en contextos democráticos, autoritarios y de conflicto armado, incluyendo Guantánamo, Israel-Palestina y Turquía. Concluye destacando que, pese a las violaciones persistentes, las normas internacionales siguen siendo esenciales para preservar la dignidad humana, promover reformas nacionales y mantener la conciencia jurídica universal frente a la tortura.

Palabras clave: tortura judicial, Derecho internacional, derechos humanos, *Ius Cogens,* Naciones Unidas, Tribunal Europeo de Derechos Humanos, tribunales internacionales.

Abstract. The text analyses the legal and practical evolution of the absolute prohibition of torture in international law and its enforcement by international tribunals. Drawing from the historical experience of judicial torture, it examines its abolition and subsequent codification in universal instruments such as the Universal Declaration of Human Rights, the International Covenant on Civil and Political Rights, and the 1984 Convention against Torture. The author emphasises the peremptory (Ius Cogens) nature of this norm and the responsibility of States to prevent, punish, and eradicate torture. The paper also reviews contemporary cases of violations in democratic, authoritarian, and conflict contexts, including Guantánamo, Israel– Palestine, and Turkey. It concludes that, despite persistent breaches, international norms remain essential to upholding human dignity, promoting national legal reforms, and sustaining a universal legal conscience against torture.

Keywords: Torture, International Law, Human Rights, Ius Cogens, United Nations, European Court of Human Rights, International Tribunals.

SUMARIO: I. Introducción **II.** El alcance de la prohibición de la tortura en textos internacionales. **III.** La interpretación y aplicación de las normas internacionales. **IV.** Algunos casos destacados de desconocimiento de los compromisos internacionales de prohibición de la tortura. **V.** Conclusión

---

La celebración de este 700° aniversario nos permite reflexionar sobre una decisión que, en su momento, resultó innovadora, la prohibición de la tortura judicial, y destacar el hecho tardío de su plasmación en normas internacionales; situación atribuible al concepto extenso de la soberanía estatal[1]. No será hasta pasada la II Guerra Mundial cuando el Derecho internacional se extenderá a la protección de los derechos fundamentales, vistas las insuficiencias estatales al respecto[1].

Al ser requerida por el coordinador de la obra a presentar la visión desde el Derecho internacional, quiero que mi aportación desvele rasgos esenciales de la protección internacional frente a la tortura, sus peculiaridades y los mecanismos internacionales para su protección, al tiempo que se presentan algunos casos de tortura judicial o con fines judiciales, todavía vivos en pleno siglo XXI.

I. Introducción

La tortura judicial, forma tradicional de esta práctica, fue objeto de regulación jurídica durante siglos, si bien la parte sobre la que girarán estas reflexiones será la de su abolición oficial. Como ha sido bien estudiado, centrándonos en España, el Derecho de los distintos reinos históricos recogía la posibilidad de tortura judicial como método de prueba del delito indiciario. Es decir, la tortura judicial era un instrumento procesal a disposición de los jueces, eliminando el carácter de fundamentalismo religioso de las precedentes ordalías o "juicios de Dios". Así, el Derecho castellano, sobre la base del Liber Iudiciorum y de las Partidas, reconocía con amplio alcance esta práctica y establecía sus modalidades, limitaciones y excepciones. A diferencia de éste, el Derecho aragonés procedió tempranamente a su proscripción, tanto por motivos de falta de efectividad judicial como, sobre todo, por la independencia de las regulaciones forales respecto a las reales. Las

---

[1] Sobre la relación histórica de la tortura judicial y el absolutismo monárquico, ver Tomás y Valiente, "La tortura judicial y sus posibles supervivencias", en *Problemas actuales de Derecho penal y procesal*, Universidad de Salamanca, 1971, pp.125-142.

diferencias entre estos Derechos históricos patrios son magistralmente analizadas por Tomás y Valiente[2].

La normativa internacional actual, tras los movimientos abolicionistas, prohíbe la tortura, así como los tratos crueles, inhumanos o degradantes, sin que esté perfectamente delimitada la frontera entre estos conceptos. Nos centraremos exclusivamente en la tortura. Lógicamente, al ser una práctica prohibida en la mayoría de los ordenamientos jurídicos del mundo, no vamos a hablar de "tortura judicial", sino simplemente de "tortura", teniendo en mente, no obstante, su aplicación ilegal o recurriendo a subterfugios jurídicos de dudosa o nula validez.

En esta materia, existe una influencia recíproca entre el Derecho internacional y los Derechos nacionales. Concretamente, las normas internacionales sobre derechos humanos y sobre tortura, en particular, surgen como una de las primeras iniciativas de la ONU tras su creación, como veremos a continuación. Años más tarde, parcialmente por el empuje de determinados Estados y ONGs, se alcanza un texto internacional específico contra la tortura que, a su vez, impulsa a otros Estados a su ratificación y a adaptar su Derecho interno a estos nuevos compromisos.

II. El alcance de la prohibición de la tortura en textos internacionales

La *Carta de las Naciones Unidas*, de 1945, no cita expresamente la tortura, ni ningún otro derecho fundamental; pero sí que contiene referencias genéricas a la importancia del respeto de los derechos fundamentales del hombre, basados en la dignidad y el valor de la persona humana (preámbulo). Así, entre los propósitos de la Organización se incluye "el desarrollo y estímulo del respeto a los derechos humanos y a las libertades fundamentales de todos" (art. 1). Se trata de un texto pionero fruto de su época, al comprobar que, en ocasiones, el primer violador de derechos humanos es el propio Estado que debería proteger los de sus ciudadanos; también resulta innovadora la constatación de la contribución que el respeto a los mismos tiene sobre la paz y la seguridad internacionales.

De ahí la necesidad de una protección internacional, por encima del Estado. A su vez, todos los Miembros de las Naciones Unidas se compro-

2 *La tortura judicial en España*, Ed. Ariel, Barcelona, 1973 y 1974. Se ha utilizado la edición para la Biblioteca de Bolsillo, Ed. Crítica, Barcelona, 2000.

meten a tomar medidas para la realización del respeto universal a estos derechos y su efectividad (art. 55-56). Para concretar cuales son esos derechos y libertades fundamentales, la Asamblea General proclamaba el 10 de diciembre de 1948 la *Declaración Universal de los Derechos Humanos (DUDH)*, texto en el que se incluye la relación de los mismos.

Su artículo 5 es taxativo: "nadie será sometido a torturas ni a penas o tratos crueles, inhumanos o degradantes". Esta proclamación tiene el valor de considerarse universal, como el resto de la Declaración, reflejo de un ideal común para todos los pueblos y naciones, al ser elaborada por representantes de todas las regiones del mundo, con sus diferencias jurídicas y culturales.

La prohibición de tortura, como los demás derechos contenidos, se reconoce sin distinción alguna de raza, color, sexo, idioma, religión, opinión política u otras razones (art. 2), y es un derecho claramente relacionado con el derecho de toda persona a la vida, a la libertad y a la seguridad, así como con el derecho a un recurso efectivo ante los tribunales nacionales competentes que le amparen, el derecho a ser oído públicamente ante un tribunal independiente e imparcial para la determinación de sus derechos y obligaciones, a la presunción de inocencia, y la prohibición de detención, prisión o destierro arbitrarios (arts. 8-11). La DUDH suscitó la controversia doctrinal acerca de su valor jurídico al tratarse formalmente de una resolución de la Asamblea General de las Naciones Unidas, con carácter de recomendación según el artículo 13 de la Carta. Sin embargo, aquellas resoluciones adoptadas por la inmensa mayoría de miembros y solemnes (declaraciones) se consideran reflejo de una norma consuetudinaria internacional preexistente y obligatoria en tal concepto para los Estados. Su universalidad es destacable en la actualidad, ante alegaciones de algunos países que consideran que los derechos fundamentales no se ajustan a sus tradiciones culturales o religiosas, cuando dieron su voto a la DUDH. Además, en Derechos como el español, la DUDH posee un valor superior, el de norma interpretativa de la Constitución española que afirma que los derechos fundamentales consagrados en nuestro texto constitucional se interpretarán de conformidad con la Declaración Universal de Derechos Humanos y los tratados sobre la materia suscritos por España (art. 10.2). Es decir, la DUDH no solo es obligatoria, sino que tiene el rango de texto interpretativo de la Constitución en materia de derechos fundamentales.

El *Pacto Internacional de Derechos Civiles y Políticos*, de 1966, dotará a aquellos derechos de un mecanismo de protección internacional en manos de los Estados e incluso, bajo ciertas condiciones, de los individuos. En él se establece el Comité de Derechos Humanos, órgano que puede recibir quejas de Estados y de particulares (siempre que sus Estados hayan aceptado en Protocolo Adicional que incluye la posibilidad de quejas individuales). La tortura queda prohibida por el Pacto (art. 7) en los siguientes términos:

> **«Nadie será sometido a torturas ni a penas o tratos crueles, inhumanos o degradantes. En particular, nadie será sometido sin su libre consentimiento a experimentos médicos o científicos»**

La *Convención contra la Tortura* (CAT), de 1984, es el texto normativo que desarrolla la prohibición de tortura ya recogida en la codificación previa de los derechos humanos, y crea el Comité contra la Tortura.

De este conjunto normativo, destacando el específico Convenio contra la Tortura, podemos extraer el concepto de tortura y, por tanto, su elemento subjetivo, el objetivo, y el teleológico.

La Convención incluye estos elementos en su artículo 1, según el cual

> **«[...] se entenderá por el término "tortura" todo acto por el cual se inflija intencionadamente a una persona dolores o sufrimientos graves, ya sean físicos o mentales, con el fin de obtener de ella o de un tercero información o una confesión, de castigarla por un acto que haya cometido, o se sospeche que ha cometido, o de intimidar o coaccionar a esa persona o a otras, o por cualquier razón basada en cualquier tipo de discriminación, cuando dichos dolores o sufrimientos sean infligidos por un funcionario público u otra persona en el ejercicio de funciones públicas, a instigación suya, o con su consentimiento o aquiescencia. No se considerarán torturas los dolores o sufrimientos que sean consecuencia únicamente de sanciones legítimas, o que sean inherentes o incidentales a éstas.»**

Así definida, es clara la inclusión de la tortura judicial, aquella realizada por funcionario público o persona que ejerza tales funciones, con objeto de obtener una información o una confesión. A diferencia de lo que ocurría en épocas pasadas, y de lo que ocurre con otros derechos humanos, la prohibición de tortura es absoluta; no existen limitaciones ni excepciones ya que, como señala la Convención, en ningún caso podrán invocarse circunstancias excepcionales como estado de guerra o amenaza de guerra, inestabilidad política interna o cualquier otra emergencia pública como justificación de la tortura (art. 2.2). Tampoco la orden de autoridad superior para llevarla a cabo sirve de justificación o exime de responsabilidad (art. 2.3).

A partir de aquí, se establecen medidas preventivas y punitivas que los Estados parte han de adoptar para erradicar la tortura, tales como tipificar penalmente la tortura en sus derechos internos, no expulsar o extraditar a países donde existe la posibilidad de tortura, o ejercer su jurisdicción sobre los culpables.

175 países son parte en la Convención de 1984, vigente desde 1987; 4 la firmaron, pero no la han ratificado y solo 18 no han actuado al respecto. Estamos hablando de un texto que puede calificarse de universal puesto que la inmensa mayoría de Estados parte de la ONU lo han suscrito. Esta aceptación da cuenta de su carácter de norma imperativa del Derecho internacional, o *Ius Cogens*, que no admite norma en contrario y obliga también a título consuetudinario a los países no firmantes. Esta naturaleza de la prohibición de tortura ha sido avalada por el Tribunal Europeo de Derechos Humanos al declarar

> «[...] l'nterdiction de la torture est devenue une règle impérative du droit international et ella a désormais valeur de jus cog ens. En matière de torture o de mauvais traitements infligés par des agents de l'État, l'action pénale ne devrait pas s'éteindre par l'effet de la prescription, de même que l'amnistie et la grâce ne devraiotêtre compatible avec les exigences de la Convention»[3]

El Protocolo facultativo del CAT, de 2002, que establece un sistema de visitas periódicas a centros de detención o con personas privadas de libertad, ha sido ratificado por 94 Estados; 11 lo han firmado, pero no ratificado y 92 no han hecho ninguna de las dos cosas. Entre ellos se encuentran Canadá y Estados Unidos, Rusia, China, India, todos los países del Golfo y la mayoría de los países árabes. Además, en 2004 se aprobó el *Protocolo de Estambul,* que contiene el Manual para la investigación y documentación eficaces de la tortura y otros tratos o penas crueles, inhumanos o degradantes.

El CAT acoge favorablemente otras regulaciones nacionales o regionales que mejoren sus condiciones de prevención o de protección a potenciales víctimas de tortura. En este sentido, en el ámbito regional europeo, dos textos son los principales para la prohibición y prevención

---

[3] Cour Européenne des Droits de l'Homme, Avis consultatif demandé par la Cour de cassationarménienne, Demande nºP16-2021-001, 26.4. 2022.

de la tortura. El primero de ellos es el *Convenio Europeo de Derechos Humanos* (CEDH)[4], de 1950, cuyo artículo 3 afirma categórico que nadie podrá sersometido a tortura ni a penas o tratos inhumanos o degradantes. El mecanismo de jurisdicción obligatoria creado por el CEDH, el Tribunal Europeo de Derechos Humanos, es la vía a seguir por las personas víctimas de tortura; y la principal obligación que conlleva para los Estados es una obligación negativa: abstenerse de infligir lesiones graves a las personas dependientes de su jurisdicción. Pero también pueden apreciarse obligaciones positivas, tales como la creación de un marco legislativo de protección, eventualmente, la de adoptar medidas operativas de protección de determinadas personas frente al riesgo de tratos contrarios a esta disposición del Convenio, y realizar investigaciones efectivas respecto de las alegaciones de tortura.

Junto al CEDH, y para reforzar la prevención de tortura de las personas privadas de su libertad, el *Convenio Europeo para la Prevención de la Tortura y de los Tratos y Penas Crueles, Inhumanos o Degradantes,* de 1987[5], establece un procedimiento no judicial de carácter preventivo, basado en visitas -a modo del primer Protocolo Facultativo del CAT-, y crea un órgano específico para ello: El Comité europeo para la prevención de la tortura, y de tratos inhumanos y degradantes, que trabaja sobre la base de visitas a centros de detención e internamiento.

III. La interpretación y aplicación de las normas internacionales

Tanto la prohibición de la tortura en Derechos internos como en el Derecho internacional dependen de dos factores, más allá de su mera plasmación legal: su interpretación y su aplicación.

Por un lado, la interpretación que pueda hacerse de estos preceptos. A este respecto, se ha visto históricamente como, aun existiendo la prohibición, se ha aplicado la tortura mediante subterfugios jurídicos o excepciones; tal es el caso en Derecho histórico patrio de la consideración de la tortura como un recurso probatorio subsidiario o, más recien-

---

[4] El equivalente del CEDH en el ámbito americano es la Convención Interamericana de Derechos Humanos (San José de Costa Rica, 1969) cuyo artículo 5, bajo el epígrafe de derecho a la integridad personal, en su párrafo 2 proclama que "nadie debe ser sometido a torturas ni a penas o tratos crueles, inhumanos o degradantes. Toda persona privada de libertad será tratada con el respeto debido a la dignidad inherente al ser humano".

[5] Serie de Tratados Europeos - N° 126, modificado a tenor de lo dispuesto en los Protocolos n° 1 (ETS n° 151) y n° 2 (ETS n° 152) que entraron en vigor el 1 de marzo de 2002.
https://rm.coe.int/16806dbaa4

temente, durante el régimen anterior, con la calificación por parte del Ejecutivo de las negativas sancionadoras a los casos de tortura como "actos políticos"[6].

El Tribunal Europeo de Derechos Humanos procedió tempranamente a una interpretación de la prohibición de tortura, y de tratos inhumanos o degradantes, si bien dejando una cierta indeterminación sobre estos tres conceptos. Así, el Tribunal consideró el trato de arrestados o detenidos en Irlanda del Norte, durante la época de acción terrorista y otras del IRA en el Ulster. Los detenidos se sometían a un régimen de internamiento ilimitado o sin juicio, particularmente duro, inserto en las medidas de excepción decretadas por la autoridades de Irlanda del Norte y del Reino Unido actuando de este modo como poderes extrajudiciales[7]. Se denunciaron técnicas usadas contra los detenidos de encapuchamiento, sometimiento a ruido constante, privación de sueño, mantenimiento prolongado en pie contra un muro y limitación de alimento durante días. Prácticas desarrolladas en centros no identificados, en una barraca militar y en otros lugares. De acuerdo con el Tribunal este tratamiento que generaba vivos sufrimientos físicos y morales, y trastornos psicológicos agudos se calificó como tratos inhumanos, no como tortura, por el nivel o intensidad del sufrimiento.

También fue relevante su pronunciamiento ante la petición de extradición de un ciudadano alemán desde el Reino Unido a los Estados Unidos, donde presumiblemente sería condenado a muerte por un asesinato[8]. El Tribunal no valoró la pena a muerte vigente en el estado de Virginia, pero si consideró las condiciones de su aplicación que implicaban de 6 a 8 años en el corredor de la muerte. Esta situación generaba condiciones extremas de angustia, conocidas como "síndrome del corredor de la muerte", contrarias al artículo 3 del Convenio como tratos inhumanos o degradantes. La obligación para los Estados parte incluía la prohibición de practicar extradiciones en estas circunstancias.

Nuevamente, en otro asunto emblemático, el Tribunal analizó la calificación de alimentación por la fuerza a una persona privada de libertad tras una prisión preventiva y posterior internamiento en una institución psiquiátrica[9], donde se denunciaron abusos y lesiones corporales.

---

[6] TOMÁS Y VALIENTE, cit.

[7] *Aff.Irlande c. RoyaumeUni*, arrêt 18.1.1978, Série A, nº 25. Sobre el nivel de gravedad del trato para alcanzar el nivel del art. 3, ver Aff. Savran c. Denmark, arrêt 7.12.2021, https://hudoc.echr.coe.int/fre?i=001-214330

[8] *Aff. Soering c Royaume Uni,* arrêt 7.7.1989, Série A, nº 161.

[9] *Aff. Tomasi c. France*, arrêt 27.8.1992, Série A, nº 241-A.

También en este caso, habida cuenta de la gravedad e intensidad de los múltiples golpes, el Tribunal consideró que el caso violaba el artículo 3 del Convenio en tanto que trato inhumano o degradante.

En general, el Tribunal Europeo toma en consideración el fin o motivación del trato infligido, el contexto en el que se produce, y la situación de vulnerabilidad de la víctima. Valora la gravedad del trato y su intencionalidad para obtener informaciones, castigar o intimidar a la víctima; lo que distinguiría la tortura de un trato inhumano o degradante[10].

Los avances en la interpretación extensiva de la tortura del Convenio Europeo de Derechos Humanos son materiales y subjetivos. Entre los primeros, el TEDH ha declarado que puede considerarse tortura la amenaza de la misma que genere un fuerte sufrimiento psicológico[11]. Por su parte, el avance subjetivo es fruto de la interpretación judicial facilitada por el tenor del artículo 3 del CEDH que se limita a declarar la prohibición de tortura y tratos inhumanos o degradantes, sin entrar a determinar sus sujetos, ni activos, ni pasivos. Y es que el Tribunal Europeo ha tomado en consideración como tortura actos llevados a cabo por agentes no estatales, abriendo de esta forma la puerta a ciertas realidades que se producen, incluso en países europeos. Así ocurre al reconocer la acción de mercenarios o de militares de un país contratados por otro, en el caso *Lutsenko y Verbytsky* contra Ucrania, en el que el demandante fue golpeado hasta su muerte por agentes no estatales contratados por la policía ucraniana en el contexto de las manifestaciones del Maidán, sin que se siguiera una investigación oficial pronta y en profundidad sobre lo ocurrido por parte de Ucrania[12]. En estos casos, el Tribunal ha analizado cuando los actos de un particular son imputables al Estado, siguiendo la estela de las normas de atribución de la responsabilidad internacional, pero sin citarlas, incluso la aprobación o no reprobación por las autoridades estatales de tales actos de particulares o grupos. Pero también ha aceptado la responsabilidad del Estado al no tomar medidas para evitar los malos tratos de individuos privados contra las personas

---

[10] *Aff. Salman c. Turquie*, arrêt 27.6.200, https://hudoc.echr.coe.int/fre?i=001-63271, *Aff. Petrosyan c. Azerbaïdjan*, arrêt 28.2.2022, https://hudoc.echr.coe.int/fre?i=001-212965

[11] *Aff. Gäfgen c. Allemagne*, arrêt 1.6.2010, https://hudoc.echr.coe.int/fre?i=001-212965 ; hechos acaecidos durante un interrogatorio policial, consecuencia del secuestro de un niño.

[12] *Aff. Lutsenko et Verbytskyy c. Ukraine*, arrêt 21.4.2021, https://hudoc.echr.coe.int/fre?i=001-207417; precedente en el *aff. Chernega et autres c. Ukraine*, arrêt 18.9.2019, https://hudoc.echr.coe.int/fre?i=001-193877

bajo la jurisdicción de ese Estado[13]. Por otra parte, se abre la posibilidad de considerar incluidos en el artículo 3, los casos de desapariciones forzadas y que sus víctimas sean tanto las directas, como los allegados más próximos, si bien en concepto de tratos inhumanos, no como tortura[14]. En el mismo sentido se ha pronunciado el Comité contra la Tortura ante una queja formulada por el hermano de un desaparecido, reconociendo que la desaparición forzada implica múltiples violaciones de los derechos humanos y el incumplimiento por el Estado parte de sus obligaciones en virtud de la Convención contra la Tortura, no solo frente a la persona desaparecida sino también, en este caso, frente al autor de la queja debido a la angustia y aflicción prolongadas producidas sin conocer la suerte ni el paradero de su familiar[15].

Junto a la interpretación de la norma internacional, el segundo factor que condiciona o determina su eficacia es la aplicación de la misma. Esa aplicación que corresponde a los Estados parte, es objeto de seguimiento por los órganos convencionales o jurisdiccionales que hemos citado anteriormente. Los órganos convencionales como el Comité contra la Tortura, valoran los informes periódicos presentados por los Estados, dejan en evidencia a aquellos que no los presentan, y realizan recomendaciones que también son objeto de seguimiento. Por tomar el ejemplo de este Comité, en sus últimos períodos de sesiones, aprobó las observaciones finales a los informes presentados por 16 países, denunció la falta de informe inicial de 26 Estados parte y de los informes periódicos de 44. Además, el CAT también prevé la posibilidad de presentación de quejas ante él por particulares víctimas de tortura (art. 22); respecto de éstas, el Comité decidió sobre el fondo en 28 de ellas, declaró inadmisibles 7, y suspendió el examen de 135[16]. Finalmente, ha atendido a las represalias contra personas u organizaciones que denuncian casos de tortura[17].

---

[13] Aff. Z. et autres c. RoyaumeUni, arrêt 10.5.2001, https://hudoc.echr.coe.int/eng?i=001-59455

[14] Aff. Varnava et autres c. Turquie, arrêt 18.9.2009, https://hudoc.echr.coe.int/fre?i=001-94162; y aff. Janowiec et autres c. Russie, arrêt 21.10.2013,https://hudoc.echr.coe.int/fre?i=001-127684; este último por una desaparición forzada en el contexto de la II Guerra Mundial.

[15] *Ndimurukundo c. Burundi*, CAT/C/82/D/980/2020, asunto referido en Asamblea General de las Naciones Unidas, Informe del Comité contra la Tortura, Informe 80°, 81° y 82° períodos de sesiones, desde mayo de 2024 a mayo de 2025, documentos oficiales suplemento núm.44, A/80/44.

[16] *Informe del Comité contra la Tortura*, 80°, 81° y 82° períodos de sesiones, cit. Destaca el número considerable de quejas contra Burundi denunciando torturas por el Servicio Nacional de Inteligencia, o por agentes policiales y las expulsiones a países terceros no seguros. También se resolvió una queja contra España *(Fuentes Villota c. España*, CAT/C/82/D/1108/2021) denunciando torturas por la policía sin que las autoridades hubieran investigado ni proporcionado reparación. El Comité concluyó que España había violado los artículos 12, 13 y 14 de la Convención leídos conjuntamente con el artículo 1.

[17] *Ibidem*. Entre los países que no han presentado informe sobre el seguimiento de observaciones previamente hechas por el Comité, destacan dos países de la Unión Europea: España y Rumanía, junto a otros como Bangladesh, Nicaragua, Santa Sede, Etiopía o Kiribati.

Pese al aparente formalismo del sistema, el Comité cuenta con la colaboración de ONGs, instituciones nacionales de derechos humanos y mecanismos nacionales de prevención, y otros órganos convencionales del sistema de las Naciones Unidas, de modo que, aunque los Estados se esfuercen en mostrar su mejor aspecto en los informes periódicos presentados, estos agentes ponen en sus justos términos los logros y los puntos débiles de cada uno.

Por su parte, tanto el Protocolo facultativo del CAT, como el Convenio Europeo para la Prevención de la Tortura establecen un régimen de visitas a lugares de internamiento -prisiones, comisaría, centros de menores, psiquiátricos o geriátricos-, sin previo aviso, en los países que han aceptado este mecanismo.

La aplicación del Derecho internacional, en nuestro caso, la prohibición de la tortura, depende de forma importante de la existencia de un poder judicial independiente y bien formado. Esto es una condición del estado de derecho, algo que, en nuestros días, sólo existe en una minoría de países. En el resto se acepta formalmente y de forma parcial, o directamente se ignora. Al respecto, el Secretario General de la ONU ha manifestado la preocupación sobre la independencia del poder judicial con el uso de herramientas de inteligencia artificial, y su impacto sobre los derechos humanos en centros penitenciarios[18].

Este es el ámbito de aplicación de la prohibición de tortura, de acuerdo con los organismos internacionales encargados de su cumplimiento; sin embargo, en nuestros días, vemos situaciones incluso crónicas de tortura, pese a las obligaciones convencionales o consuetudinarias, principalmente mediante la calificación de las víctimas ["como combatientes enemigos"] para evitar que su consideración como prisioneros de guerra les atribuya los derechos inherentes a este estatuto, principalmente la prohibición de tortura. Lo que las interpretaciones extensivas del concepto de "tortura" hacen, es contradicho en ciertos casos por estas otras interpretaciones procedentes de autoridades nacionales y focalizadas en otros objetivos distintos de la protección de las personas frente a la tortura, normalmente la lucha contra el terrorismo o la seguridad nacional.

---

[18] Asamblea General de las Naciones Unidas, *Informe del Secretario General, Los derechos humanos en la administración de justicia,* A/79/296, 7.8.2024. El Informe también llama la atención sobre la utilización de tecnologías digitales en centros penitenciarios, y el Comité contra la Tortura recomienda la instalación de circuitos cerrados de vigilancia salvo cuando ello pueda dar lugar a violaciones del derecho a la intimidad de los detenidos o a la confidencialidad de sus conversaciones con sus abogados o médicos. Ello no le impide respaldar la vigilancia electrónica como alternativa a la detención, lo que prevendría casos de tortura.

Para conocer algunos de estos casos, a continuación realizaremos una sucinta revisión a la práctica contemporánea más destacada de casos de tortura; se analizará la violación de la prohibición de tortura tanto por países democráticos, como por regímenes autoritarios o en Estados fallidos. Distinguiremos la actuación extraterritorial, de la llevada a cabo dentro de las fronteras nacionales, especificando caso por caso las obligaciones internacionales de los Estados autores de casos de tortura. La relación no es desde luego exhaustiva produciéndose torturas a diario en numerosos puntos del planeta.

IV. Algunos casos destacados de desconocimiento de los compromisos internacionales de prohibición de la tortura

Violación extraterritorial de la prohibición de tortura

• *El caso de la prisión militar de Guantánamo*

La prisión militar naval norteamericana de Guantánamo, en Cuba, es tristemente conocida como lugar de tortura sistemática y privación de derechos fundamentales; particularmente ganó notoriedad mediática como destino de las personas detenidas en Afganistán y otras localizaciones, mayoritariamente talibanes o militantes de Al-Qaeda en las acciones iniciadas tras los ataques terroristas del 11-S contra las Torres Gemelas de Nueva York y el Pentágono.

Esas detenciones se realizaron de forma irregular, sin acusaciones concretas, más allá de la genérica de "terroristas". La legislación excepcional adoptada por el Congreso de los Estados Unidos a partir de estos atentados preveía una serie de disposiciones contrarias a los patrones establecidos por la Constitución americana y por la jurisprudencia de la Corte Suprema. En concreto se aprobaron la *Patriot Act* y la *Military Order* de 2001 contrarias también a la legalidad internacional al permitir que los presos de Guantánamo fueran juzgados por unas Comisiones militares, en vez de por los tribunales ordinarios, con un procedimiento que no respeta las garantías establecidas constitucionalmente en los Estados Unidos para todos los procesos penales. Por otra parte, se incluyeron en la categoría acusada a personas con cualquier tipo de relación con el terrorismo, incluso los presuntos autores de las denominadas "acciones neutrales" o sin relevancia penal directa, como el transporte, o el alojamiento.

Esta particular situación jurídica y penitenciaria ha facilitado el recurso a los malos tratos y a la tortura para obtener de ellos información sobre atentados terroristas pasados o que puedan cometerse en el futuro. La tortura ha sido ejecutada por funcionarios y oficiales de los servicios secretos norteamericanos en los interrogatorios. Se ha querido defender la legitimidad jurídica de estos actos por ser practicados contra "enemigos"; contra los "combatientes enemigos ilegales", categoría jurídica inexistente, y se argumentó que frente a estos colectivos cabía ignorar los derechos humanos, y el derecho internacional humanitario sobre prisioneros de guerra aplicable mientras duró el conflicto, con Afganistán. Los Estados Unidos se negaron a reconocerles nunca tal estatuto, por ser combatientes enemigos ilegales y porque tampoco reconocía abiertamente como "guerra" la emprendida durante varias décadas contra este país dado que el oponente era Al Qaeda, un actor no estatal. Porque no olvidemos, el país es parte del III Convenio de Ginebra sobre prisioneros de guerra, del Pacto Internacional de Derechos Civiles y Políticos, y del Convenio contra la Tortura.

Numerosas denuncias han sido formuladas por personas que llevan más de 20 años en dicha prisión, en muchos casos, sin conocer la acusación contra ellos y en un aparente limbo legal. Varios casos fueron sometidos a la Corte Suprema de los Estados Unidos quien fue clara en sus pronunciamientos. En una de las primeras sentencias despejó dudas sobre el estatuto jurídico de los detenidos, con el que se jugaba para incrementar su precariedad y dejar en la impunidad malos tratos y tortura. Concretamente, la Corte concluyó que los internados tenían derecho a presentar un recurso ante tribunales norteamericanos, tanto si eran nacionales, como extranjeros[19]. Algo que supuso desmontar el pretendido argumento de que un derecho tan fundamental como el *habeas corpus* solo pudieran ejercerlo los ciudadanos americanos -la minoría entre la población reclusa-. El segundo argumento era que la base de Guantánamo no era territorio de los Estados Unidos y, por tanto, no se aplicaba su legislación; algo que carece de sentido puesto que, de acuerdo con las normas de responsabilidad internacional, es el Estado que tiene jurisdicción sobre un territorio, en este caso, en esa pequeña parte de la isla de Cuba, quien responde interna-

[19] Corte Suprema de los Estados Unidos: decisiones adoptadas el 28 de junio del 2004 en los casos Rasul v. Bush, 124 S.Ct.2686 (28 junio 2004); Hamdi v. Rumsfeld, 124 S.Ct.2633 (28 junio 2004), Rumsfeld v. Padilla, 124 S.Ct. 2711 (28 junio 2004), comentados por F. MUÑOZ CONDE "La situación de los presos de Guantánamo: Entre la tortura y el estado de derecho", *Teorder 2008,* n.3, pp.118-135. Ver también, K. Frisch "During the war, the law is silent", orisit?: examining the legal status of Guantanamo Bay", 15 *Richmond Journal od Global Law& Business 73 (2016)*, pp.73-101; y S. Pearlman, "Human Rights violations in Guantanamo Bay: How the United States Has Avoided Enforcement of International Norms", *Seattle University Law Review,* vol.38, 2015, pp.1109-1138.

cionalmente por los hechos acaecidos[20]. La Corte Suprema consideró que el artículo 3 común de los Convenios de Ginebra para prisioneros de guerra era aplicable al caso. Esto significa que se exige trato con humanidad a todo no combatiente, y se prohíben atentados contra la vida y la integridad, la tortura, la toma de rehenes, las condenas sin previo juicio ante un tribunal legítimamente constituido y con las garantías judiciales reconocidas como indispensables. En igual sentido se pronunció, al otro lado del Atlántico, la Asamblea Parlamentaria del Consejo de Europa recordando que nunca en la prisión de Guantánamo hubo un "agujero legal" ya que el Derecho Internacional de los Derechos Humanos es aplicable en todo tiempo, y el Derecho Internacional Humanitario mientras duró el conflicto con Afganistán, con independencia de que sus contendientes fueran dos o más Estados o Estados contra actores no estatales.

Tras más de 20 años en funcionamiento, en 2022, Guantánamo todavía tenía 39 detenidos, de los que solo nueve estaban imputados o condenados por algún delito. En este período, nueve detenidos murieron; oficialmente dos por muerte natural y el resto por suicidio. Sobre ninguno de ellos pesaba todavía ningún cargo. Los expertos de las Naciones Unidas han pedido reiteradamente su cierre tras décadas de practicar la detención arbitraria, sin acceso a un juicio[21], y torturas y tratos inhumanos sistemáticos. Pese a las promesas de las administraciones de Obama y Biden por cerrar Guantánamo para terminar con las violaciones cometidas contra los aproximadamente 30 recluidos, el centro sigue abierto. Significativamente, durante la campaña electoral que llevó a Donald Trump por segunda vez a la Presidencia de los Estados Unidos, ni él ni la candidata Demócrata, Kamala Harris se pronunciaron sobre este espinoso tema, pese a las voces que reclamaban el cierre de un centro de tortura sistemática y el doble estándar aplicado en EEUU con el Estado de Derecho cuando había que cumplir con normas internacionales que le vinculan; esta situación, decían, erosionaba la aplicación del Derecho en cualquier lugar del mundo[22]. La iniciativa del Presidente Trump de utilizar Guantánamo como destino de migrantes

[20] Comisión de Derecho Internacional, Naciones Unidas, Proyecto de artículos sobre la responsabilidad internacional de los Estados por hecho ilícitos, *Anuario de la Comisión de Derecho Internacional 2001*, Vol.II, segunda parte, *A/CN.4/SER.A/2001/Add.1 (Part 2)*, pp.26-153.

[21] De los casi 800 detenidos que han pasado por la prisión de Guantánamo, solo se informó de 12 contra los que pesara algún cargo, y solo dos se consideraron convictos por esas Comisiones Militares, que no reúnen ninguna de las condiciones de tribunal imparcial, ni de juicio justo. United Nations, "Rights experts condemn 'unrelenting human rights violations' at Guantánamo Bay", 10.1.2022.

[22] JusticeInfo: "Guantánamo: Legacy of Torture and Abuse still haunts Amercica", by J. Crawford, Justiceinfo.net, 18.10.2024.

irregulares que hayan cometido algún delito en los Estados Unidos hace difícilmente imaginable el cierre de la prisión, donde pueden llegar a convivir los detenidos por los atentados terroristas, con migrantes.

Guantánamo no es el único centro fuera de territorio de los Estados Unidos pero controlado por este país donde se cometen abusos y torturas. Existen otros como Abu Ghraib en Irak, o Bugram en Afganistán.

• *El caso del centro de detención de Abu Ghraib y las cárceles secretas*

Unas fotos aparecidas en 2004 de tortura y abusos en la prisión militar de Abu Ghraib en Irak causaron la indignación en todo el mundo. Los perpetradores eran soldados estadounidenses, y no iraquíes; es decir, los que proclamaron que la conquista de Irak era una liberación de la tiranía[23]. Y no parecía tratarse de una excepción puesto que existen casos similares en otros centros de reclusión de los Estados Unidos fuera de sus fronteras, como hemos visto. Incluso encontramos centros militares de detención de los Estados Unidos sobre territorio europeo que operan sobre la base del secreto para que sus actividades no trasciendan a la opinión pública mundial.

Los hechos son similares a los descritos respecto a la prisión militar de Guantánamo, pero en este caso en Irak; hechos acaecidos a partir del momento en que Washington decide intervenir en Irak en 2003, con escaso apoyo por parte de la población, aunque algunos dirigentes políticos de otros países manifestaran su acuerdo con este acto ilegal y prohibido por el Derecho internacional. Se producen detenciones irregulares, falta de derechos de los detenidos, un pretendido limbo jurídico y, como consecuencia, un escenario propicio para tratos humillantes y tortura; a veces fomentados por las autoridades, otras fruto de actuaciones individuales de militares o guardianes que se exceden de sus cometidos, pero que no han sido investigados y castigados por las autoridades. Es decir, un contexto generalizado de normalización de la tortura como método de trato con los detenidos, ignorando muchas veces el cargo que se les imputa, con una complacencia, silencio o incluso aliento gubernamental. El terrorismo jihadista, pretendida justificación de estos actos, se hizo más patente en Irak, precisamente por el caos generado por la intervención occidental y el derrocamiento del régimen. Los Estados Unidos mantienen su tesis del vacío legal en que se encuentran los detenidos al no encontrarse en territorio estadou-

[23] Cita textual de Gray y Martin.

nidense y no reconocérles el estatuto de prisioneros de guerra; otros países firmantes de los tratados de derechos humanos, pero complacientes con esta actitud o temerosos de opinar diferente se refugiarán en la incertidumbre jurídica. Encontramos no solo connivencia de gobiernos sino incluso justificaciones entre líderes políticos, académicos o algún juez de apartar el Derecho humanitario o el Derecho internacional de los derechos humanos cuando se trata de combatir el terrorismo global. Este argumento resulta más dudoso todavía en Abu Ghraib al quedar demostrado que la intervención no estaba justificada por la existencia de armas de destrucción masiva, y que el subsiguiente conflicto con dos bandos enfrentados llevó a calificar de terroristas a los que no satisfacían los intereses de los invasores.

Junto a estos dos casos de prisiones americanas en territorio de Estados terceros cuya existencia es bien conocida, encontramos las cárceles secretas de la CIA en otros países, admitidas por los mismos. A lo que podríamos sumar la existencia de secuestros policiales de presuntos implicados en actividades terroristas y su traslado forzoso a otros países en vuelos secretos, utilizando las bases americanas, donde se retiene a numerosas personas por tiempo indefinido, sin dar información sobre su paradero, ni de las razones de su internamiento.

Entendemos que la jurisprudencia de la Corte Suprema americana y la del TEDH en los asuntos planteados, es aplicable a estos casos de extraterritorialidad de la aplicación de la tortura, con la particularidad de que aparecen aquí terceros países cómplices, cuando menos. Una de las fuentes más fiables de lo ocurrido es el Informe del Comité de Inteligencia del Senado norteamericano sobre las técnicas de interrogatorio de la CIA post 11-S, publicado en diciembre de 2014. El TEDH, se pronunció tempranamente en asuntos en los que hubo también condena por parte del Grupo de Trabajo de las Naciones Unidad sobre detenciones arbitrarias, en los casos El-Masris. l'ex-République yougoslave de Macédoine, Al Nashiri c. Pologne et Husayn (Abu Zubaydah) c. Pologne, Nasr et Ghali c. Italie de 23 febrero 2016, Abu Zubaydah c. Lituanie de 31 mayo 2018, Al Nashiri c. Roumanie de 31 mayo 2018, al-Hawsawi c. Lituanie de 16 enero 2024. En estos casos, los demandantes de diferentes procedencias geográficas denuncian haber sido entregados tras su detención a "blacksites" de la CIA en los países demandados, donde sufrieron torturas y tratos inhumanos para posteriormente, en muchos casos, ser remitidos a EEUU donde no iban a poder recurrir ante un tribunal imparcial y seguirían sometidos a las técnicas de interrogatorio de la Agencia norteamericana de inteligencia. El TEDH concluyó que había violación, entre otros, del artículo 3 del Convenio Europeo, por los daños infligidos y por el conocimiento y la pasividad de las autoridades de dichos países a iniciar investigaciones sobre lo ocurrido y juzgar a los culpables. Incluso en el caso *Nasr et Ghali* Italia se negó a pedir la extradición de los autores de las torturas juzgados por los jueces italianos.

En una situación algo distinta se encuentra el Reino Unido que fue acusado de complicidad con el programa de los EEUU de entregas y torturas, del que sacó beneficio al recibir la inteligencia derivada integrante de los detenidos sometidos a tortura. Un Informe del Parlamento Europeo detectó 170 escalas aéreas de vuelos operados por la CIA en aeropuertos del Reino Unido, de los 1245 vuelos de la CIA, entre 2001 y 2005, algunos de ellos utilizados para estas operaciones ilegales[24].

Un dato común a estos casos, es la utilización cada vez mayor de modos de tortura mental o psicológica; los conocidos métodos de privación sensorial que trastornan de igual forma que la tortura física la voluntad de la víctima, dejando profunda huella en su integridad.

La tortura en el interior de países internacionalmente comprometidos. El caso de Israel y Palestina

Aunque el largo conflicto de Oriente Medio está jalonado de episodios de utilización del enemigo como arma de información o de venganza a través de la tortura, aquí haremos una referencia breve a la situación de la tortura en Israel y Palestina, limitada al período temporal que va desde los atentados de Hamás contra Israel, el 7 de noviembre de 2023, a la actualidad. Tras los citados atentados que dieron lugar a numerosas víctimas mortales, y detenciones/secuestros de personas, se desata una respuesta de Israel, también brutal pero aún más desproporcionada. Por ambas partes se aprecian violaciones claras del Derecho Internacional Humanitario, y de los Derechos Humanos, incluyendo torturas a los detenidos israelíes por Hamás y a ciudadanos palestinos presuntamente vinculados con aquella organización terrorista por parte de Israel. Sobre las violaciones del Derecho Humanitario y la comisión de crímenes de guerra es suficientemente elocuente la Opinión Consultiva de la Corte Internacional de Justicia, a petición de la Asamblea General de las Naciones Unidas, en 2024, a la que remitimos. En ella se analizan jurídicamente todas las brechas en el comportamiento por ambas partes en el conflicto que, claramente, manifiestan la existencia de crímenes de guerra. Cuantitativamente es más desta-

---

[24] *Parlamento Europeo, Report A6/0020/2007 on on the alleged use of European countries by the CIA forthe transportation and illegal detention of prisoners*, 30.1.2007, https://www.europarl.europa.eu/doceo/document/A-6-2007-0020_EN.html

cada la actuación de Israel por el tamaño y mayor capacidad de su fuerza armada, y por el carácter desproporcionado de sus reacciones que ha dañado innecesariamente a población civil buscando su desaparición y la imposibilidad de regreso a sus hogares al final del conflicto. Igualmente, la Corte analiza las violaciones al derecho a la autodeterminación de Palestina, las consecuencias de la creciente ocupación ilegal de territorios, o los ataques contra la libertad de expresión.

Centrándonos en la creciente incidencia de torturas y tratos inhumanos o degradantes en este período temporal, el Informe del Alto Comisionado de las Naciones Unidas para los Derechos Humanos (ACNUDH), publicado en abril de 2025[25], y las denuncias hechas públicas por palestinos liberados por Israel, e israelíes liberados por Hamás nos proporcionan la información al respecto.

Concretamente, desde noviembre de 2023, Israel ha procedido a detenciones masivas de miles de palestinos en Gaza (hombres, mujeres y niños) con fines de control e información y pretendido fundamento jurídico en la Ley de Encarcelamiento de Combatientes Ilegales. Volvemos a saber de esta curiosa figura jurídica que parece gozar de gran predicamento en algunos países porque permite detenciones administrativas y prolongadas, sin acceso a recursos y, por tanto, con carácter arbitrario. El objetivo han sido presuntos terrorista, personalidades políticas opositoras, periodistas, defensores de derechos humanos, y personal humanitario y médico de Gaza[26]. De acuerdo con el ACNUDH, a finales de 2024, el Servicio Penitenciario de Israel mantenía recluidos a más de 10.000 "detenidos por motivos de seguridad", miles de ellos de Gaza, recluidos en bases militares israelíes. Si atendemos a las denuncias de algunos liberados recogidas por la BBC, con informes forenses posteriores, nos hablan de ataques con productos químicos y prender fuego al cuerpo rociado de aerosoles, agresiones físicas y sexuales, presenciar de muertes de otros detenidos, apaleamientos hasta producir una perforación pulmonar, ataques con perros, descargas eléctricas, exposición durante horas en sala helada y otros. Se trata de torturas a personas acusadas de tener vínculos con Hamás a las que las Fuerzas de Defensa de Israel interrogaban por la localización de los rehenes y los túneles. Fueron liberados en el primer intercambio de rehenes sin

[25] Consejo de Derechos Humanos, 58º periodo de sesiones, 24 de febrero a 4 de abril de 2025. Informe anual del Alto Comisionado de las Naciones Unidas para los Derechos Humanos, "Situación de los derechos humanos en el Territorio Palestino Ocupado, includa Jerusalén Oriental, y la obligación de garantizar la rendición de cuentas y la justicia", *A/HRC/58/28, de 13.2.2025.*

[26] Alto Comisionado de las Naciones Unidas para los Derechos Humanos, *Detention in the Context of the escalation of hostilities in Gaza (October 2023-June 2024),* Informe de 31.7.2024.

haber aportado nada pues, alegaron, nada tenían que ver con Hamás. La BBC comunicó estas denuncias al Servicio de Prisiones de Israel que adujeron no tener conocimiento de denuncias sobre el trato recibido tanto en la prisión de Ketziot y otras, como en Sdei Teiman, sede de las Fuerzas de Defensa de Israel.

En suma, vemos un alegato jurídico idéntico al seguido por los Estados Unidos, solo que con torturas en el propio territorio del país. La "defensa" es el aparente desconocimiento por parte de las autoridades de que estas conductas se produzcan, no constando más que alguna denuncia contra un soldado y una imputación contra varios que filmaron su agresión a un detenido[27].

Por su parte, el ACNUDH documenta también un cuadro de detenciones arbitrarias y de torturas en la Ribera Occidental a los detenidos, por parte de la Autoridad Palestina. En este caso se trata principalmente de opositores políticos, y tales comportamientos se enmarcan, no en una guerra contra el terrorismo, sino en las luchas intestinas entre los palestinos[28].

A este panorama se une la dificultad de obtener una rendición de cuentas por parte de los autores de las torturas ante el sistema judicial israelí, dudosamente independiente, imparcial y eficaz. Y es que, siempre según el ACNUDH, el Fiscal General Militar y el Fiscal General sistemáticamente se han abstenido de iniciar investigaciones por conductas ilícitas de los miembros de las fuerzas de seguridad israelíes, limitadas a eventuales faltas de los mandos de nivel inferior o pero sin examinar la política y prácticas del Ejército, o la responsabilidad de las autoridades políticas y de los mandos militares, que son la base de los casos de torturas que puedan ejecutarse en niveles inferiores. Por otra parte, la independencia o imparcialidad del Fiscal General Militar queda en entredicho si se tiene en cuenta que además es el asesor jurídico de las autoridades militares. Durante el período analizado se iniciaron 74 investigaciones penales en el contexto de Gaza y se remitieron más de 1000 incidentes al denominado Mecanismo del Estado Mayor General para la Constatación de los Hechos. Las Fuerzas de Defensa de Israel solo informaron de una acusación por malos tratos a detenidos. Tampoco se tiene constancia de que Israel haya iniciado investigaciones sobre los descubrimientos en fosas comunes de cadá-

---

[27] Reportaje de Alice Cuddy "Quemaduras químicas, agresiones y descargas eléctricas: habitantes de Gaza relatan a la BBC las torturas que sufrieron durante su detención en Israel", *BBC News, 8.4.2025.*

[28] Ver Informe ACNUDH, *Situación de los derechos humanos en el Territorio Palestino Ocupado... cit.* §45

veres de palestinos desnudos y con las manos atadas. De donde puede deducirse que, por regla general, ignoran las denuncias de malos tratos o tortura niegan tener noticias de ellas[29].

Si miramos del lado palestino, la propia desestructuración de su sistema político permite deducir la del sistema judicial, dividido, parcial, cuando no inexistente de acuerdo con los parámetros tradicionales en un Estado de Derecho.

La tortura en regímenes dictatoriales, Estados fallidos o desestructurados. El caso de Turquía

Turquía firmó la Convención contra la Tortura (CAT) de las Naciones Unidas en 2005 y la ratificó en 2011. Igualmente, el país es miembro del Consejo de Europa y, como tal, parte en el Convenio Europeo de Derechos Humanos de 1950 cuyo artículo 3 prohíbe la tortura y los tratos crueles, inhumanos o degradantes; el país también suscribió el Convenio Europeo para la Prevención de la Tortura, vigente desde 1989.

Esto no ha impedido que Turquía sea objeto de numerosos informes por organizaciones como *Freeedom from Torture*, Amnistía Internacional o el propio Comité establecido por el Convenio Europeo para la Prevención de la Tortura, indicando casos continuados de tortura; ni que haya sido juzgado y condenado por igual razón por el Tribunal Europeo de Derechos Humanos /TEDH).

La adhesión al CEDH y su candidatura a miembro de la Unión Europea hizo de Turquía un país que inició una serie de reformas legislativas para adaptarse mejor al modelo de Estado democrático de Derecho, con respeto de los derechos humanos. No obstante, en el pasado y en la actualidad, la situación dista de ser satisfactoria. Son numerosos los casos de tortura llevados ante el TEDH, incluso en la actualidad, el 50% de denuncias por violación del artículo 3 siguen siendo demandas contra Turquía.

El caso de Turquía muestra como pocos la estrecha conexión existente entre el respeto a los derechos humanos, la democracia y el Estado de Derecho. Y la tortura es probablemente la más importante violación de derechos fundamentales.

En diferentes períodos históricos, la prevalencia de esta práctica policial y/o judicial, se ha justificado por la lucha contra el terrorismo,

---

[29] *Ibidem*, §51-60.

entendiendo por tal el enfrentamiento entre Turquía y las reivindicaciones del pueblo kurdo, asentado parcialmente en este país y representado por un partido político, el PKK, considerado terrorista por Ankara. En ese contexto se inscriben los casos *Getiren*, y *Kemal Kahraman*[30]. Pero también hay denuncias y condenas por tortura derivadas de la actuación policial frente a delitos menores[31]; y en casos de desaparición forzada[32]. La condena a Turquía se produce por la constatación probada de las lesiones generadas por la tortura, como por la actitud de las autoridades ante estas demandas ya desde su fase interna. En este sentido, el TEDH verifica que se ha incumplido por el Estado la obligación de investigar, enjuiciar a los culpables y sancionarles. Esto es claro indicio de deficiencias acusadas del sistema legal del país, pero también de la actitud de las autoridades encargadas de investigar y sancionar los delitos de tortura[33].

Si durante la primera década de siglo, Turquía quiso demostrar avances legislativos para acabar con la práctica de la tortura para cumplir los requisitos para poder acceder a la UE, un nuevo movimiento político llevará a endurecer de nuevo la política gubernamental. Este fue el intento de golpe de Estado (autogolpe, dicen algunos) contra Erdogan en 2016. La reacción del Gobierno fue de varios periodos prorrogados de estado de emergencia y el anuncio de derogación temporal de partes del CEDH; lo que se tradujo en una reducción de las salvaguardas contra la tortura. Esto generó una nueva escalada en la práctica de la tortura demostrando que es usada como método de control para suprimir el activismo político. La mayoría de los casos recogidos desde entonces implican a hombres de procedencia kurda, detenidos por su actividad política, cuyo análisis forense revela traumatismos por fuerza contundente, tortura sexual –incluida violación–, electrochoques, sometimiento a manguera de agua fría y a alta presión; la mayoría detenidos y torturados por la policía en una o varias ocasiones en diferentes centros de detención por todo el país. El anuncio de disolución del PKK kurdo en mayo de 2025 abrió una puerta a la esperanza de reconsideración de la liberación o revisión de pena para los condenados a cadena perpetua agravada, categoría que incluye delitos contra la

[30] Getiren c. Turquie, n°10301/03, arrêt 22.7.2008; y Kemal Kahraman c. Turquie, n° 39857/03, arrêt 22.7.2008.

[31] OsmanKaradermir c. Turquie, n° 30009/03, arrêt 22.7.2008.

[32] Osmanoglu c. Turquie, n° 48804/99, arrêt 24.1.2008, y Balçik y otros c. Turquie, n°25/02, arrêt 29.11.2007.

[33] Chinchón Álvarez, J., "Turquía y la jurisprudencia del Tribunal Europeo de Derechos Humanos sobre tortura: Algunas reflexiones tras los casos Getiren, KemalKahraman, OsmanKarademir, Osmanoglu, Balçik y otros contra Turquía", *Rev. Derecho Comunitario Europeo,* n.33, 2009, p.612.

seguridad del Estado, el orden constitucional y la defensa nacional. En esta categoría se encuentra Abdullah Öcalan, líder del susodicho partido kurdo encarcelado en aislamiento desde hace más de dos décadas. El TEDH declaró el "derecho a la esperanza" al considerar que la situación de estos presos sin posibilidad de libertad condicional ni de liberación violaba el artículo 3 del Convenio[34]. Sin embargo, en su reciente Plan de Acción presentado al Comité de Ministros del Consejo de Europa en junio de 2025, el Gobierno turco deja claro que no reconocerá el "derecho a la esperanza" a este tipo de presos. Declaración que constituye un reconocimiento anticipado de violación del artículo 3, tal y como lo interpreta el Tribunal Europeo de Derechos Humanos. Ya sin la presión de cumplir los requisitos para ser miembro de la Unión Europea, y con el entorno existente en Oriente Medio, el líder turco se ve afianzado en su desafío al Estado de Derecho, a los derechos humanos y a la democracia.

V. Conclusión

La pregunta que queda en el aire, aunque cada uno puede haber sacado sus conclusiones, es ¿para qué sirven las normas internacionales que proscriben la tortura y lo hacen como derecho absoluto? Para responder a la pregunta, ciertos autores que navegan entre la ciencia jurídica y la filosofía han propuesto sustituir el enfoque racional y con fundamento metafísico de las normas sobre derechos humanos, por otro pragmático que los considera fruto de una comunidad con voluntad histórica y transitoria de cumplir un conjunto de normas mínimas; como fruto de las lecciones aprendidas de la historia, para prevenir las peores situaciones[35].

Esto supondría no tanto ver la prohibición internacional de la tortura como una norma con fundamento en la naturaleza humana, en la dignidad inherente a toda persona y, por tanto, algo inmanente, sino como el resultado del convencimiento de que la positivización de la norma jurídica evitará sufrimientos en el futuro análogos a los vividos en contextos pasados. No se trata de buscar en la naturaleza o bondad humana una base extrajurídica para la norma, sino en la conveniencia de ésta como medio de proteger frente al riesgo para la vida de cualquier persona, vistas las lecciones que el pasado nos ha dejado; como

---

[34] Aff. Vinter y otros c. RoyaumeUni, 2013.

[35] Rorty, R., "Human Rights, Rationality, and Sentimentality", en S. Shute and S. Hurley (eds.), *On Human Rights: The Oxford AmnestyLectures,* Basic Books, New York, 1993, pp.111-134. Ignatieff, M., *Human Rights as Political and Idolatry*, Princeton UniversityPress, 2001.

medida preventiva de un daño que conocemos. Claramente la prohibición de la tortura es el ejemplo más evidente, por encima del propio derecho a la vida, de conducta más grave contra cualquier ser humano y con consecuencias más allá del ámbito en el que se produzca. De ahí su carácter absoluto, que no admite excepciones ni en tiempos de guerra, mi en cualquier otro estado de emergencia nacional.

En los casos de torturas fuera del territorio y por países reacios a suscribir compromisos internacionales de respeto de los derechos humanos, la aplicación de los mismos y de cualquier mecanismo institucional para su sanción, seguimiento o prevención, resulta harto compleja. En primer lugar, por esa negativa a ser parte de tratados internacionales de derechos humanos, o el rechazo a los suscritos. En segundo término, por la tendencia a buscar vías de escape a la aplicación de cualquier medida de control internacional: actos no cometidos en territorio nacional, opacidad y consecuente dificultad de conocer los hechos y de utilizar vías jurisdiccionales para su denuncia.

En los países que han suscrito tales compromisos, el recurso a la justificación de la legítima defensa preventiva, interés y seguridad nacional como prioridades, o la lucha contra el terrorismo han sido los expedientes más utilizados, junto al desconocimiento de los hechos denunciados, para eludir responsabilidad internacional y ni siquiera cumplir con las obligaciones de investigación diligente o de dar acceso a mecanismos jurisdiccionales para la defensa del derecho violado o la indemnización por las torturas sufridas.

En Estados fallidos o de estructura tribal, sin gobiernos con la capacidad de controlar el territorio, la situación de los derechos humanos en general, de la tortura en particular es caótica, de difícil control internacional, sin compromisos jurídicos internacionales en muchos casos, con múltiples actores a los que eventualmente atribuir la responsabilidad por las torturas que pueden ser un arma política más en situaciones desestructuradas y de caos social y político.

Ante este panorama, y siguiendo el enfoque pragmático de los derechos humanos antes citado, podemos concluir que las normas internacionales que prohíben la tortura y establecen mecanismos para su prevención y/o castigo tienen un sentido importante que no queda invalidado por los incumplimientos.

Las violaciones graves de la prohibición de tortura tienen un impacto que rebasa las fronteras del territorio en el que se cometieron. Tales actuaciones encuentran una repulsa generalizada pues hablamos de normas universales, porque así lo han querido los Estados y porque apelan a una conciencia mundial. Atentar contra el derecho a la vida es rechazable en la mayoría de los lugares, aunque sabemos que en ciertas culturas, y en situaciones de conflicto, la vida humana tiene un escaso valor. Pero la tortura implica un plus de degradación del ser humano y una conducta que ni en el resto del reino animal es común; es el exponente de la inteligencia humana en su versión más perversa. Pero además, la tortura no suele ser fenómeno aislado, sino que se generaliza fácilmente en una sociedad incapaz de controlar al poder del Estado, tenga éste la forma que tenga. Cuando el Estado que la produce, tolera o alienta es una potencia, sus efectos van más allá del territorio nacional y suponen un riesgo para la paz y seguridad internacionales, de ahí la conveniencia de los compromisos internacionales al respecto. Si además, la tortura se produce en un contexto de conflicto armado, su prohibición por el Derecho internacional humanitario es un instrumento para evitar espirales de violencia pues no hay acto que más instintos de venganza despierte y conduzca a una respuesta análoga y más grave.

Las normas internacionales sobre la tortura, aun con notables violaciones, son por tanto necesarias en la sociedad internacional, impulsoras de reformas penales nacionales y un factor "humanizador", al mismo tiempo que confieren a las personas una subjetividad internacional para su denuncia ante organismos internacionales. Más de 40 años han pasado desde la adopción de la Convención contra la Tortura que sigue siendo el instrumento de referencia en la lucha mundial contra la tortura, y en la lucha por la justicia y la reparación de los supervivientes; pese a alguna propuesta que aboga por la "tortura controlada" y su regulación jurídica, y "asesinatos selectivos", aduciendo que tanto los Convenios de Ginebra como el CAT representan obstáculos en la lucha contra el terrorismo[36]. No se puede justificar desde una perspectiva funcionalista una postergación de la norma jurídica positiva vigente, sea nacional o internacional.

No cabe, sin embargo, la satisfacción normativa pues son necesarios mecanismos eficaces universales de control y prevención, mayor compromiso de los Estados con los instrumentos existentes, y una conciencia no selectiva en función de qué Estado sea el responsable de actos de tortura.

La triste realidad es que el mundo afronta múltiples conflictos armados y crisis (aunque esto no es nuevo), y que el uso de la tortura

---

[36] DERSHOWITZ, A., *Why Terrorism Works*, Yale UniversityPress, 2002.

aumenta y la impunidad ante ella también; así, encontramos signos de flaqueza incluso en países que fueron abanderados en su prohibición y que hoy transigen con las torpes excusas de otros para torturar, convirtiéndose en cómplices[37]. El "efecto dominó" o emulación también se produce en los desafíos a las normas internacionales que protegen los derechos humanos, más todavía cuando quienes las ignoran forman parte de ese denominado *orden internacional liberal basado en reglas*.

[37] Freedom from Torture, "40th anniversary of the UK signing UN Convention againsts Torture, March 2024, https://www.freedomfromtorture.org/news-and-stories/40-anniversary-uk-signing-convention-against-torture

Este libro se acabó de imprimir
el 10 de diciembre de 2025,
LXXVII aniversario de la Declaración
Universal de Derechos Humanos.